Sylvie Bantle

"One Minute!"

Geschichten aus Indien

Die Deutsche Bibliothek - CIP-Einheitsaufnahme:

Sylvie Bantle:
One Minute : Geschichten aus Indien / Silvie Bantle. -
Ratingen: Melina Verl., 2000
ISBN 3-929255-60-X
0101 deutsche bücherei

Herausgeber: Melina-Verlag
Am Weinhaus 6, D-40882 Ratingen/Deutschland
Telefon: 02102/9594-0, Telefax: 02102/9594-33
Internet: http://www. melina-verlag.de
Email: redaktion@melina-verlag.de
Lektorat: Marianne Kurz
Umschlaggestaltung: Alexander Devasia
Layout: Marlis Lawrenz
Druck: Ogamas

"One Minute!"

Geschichten aus Indien
von
Sylvie Bantle

Bilder aus Indien
von
Alexander Devasia

Melina-Verlag

Für Marie

Inhalt

Die Geschichte eines kleinen Wurms

Es gibt viele Arten von Würmern in dieser Welt. Die einen sind groß, die anderen sind klein, einige müssen ihr ganzes Leben als Wurm verbringen, aber manche verwandeln sich für eine bessere Zukunft und werden Schmetterlinge.

Mit den Menschen ist es ziemlich ähnlich. Die einen sind groß, die anderen sind klein, einige bleiben ihr Leben lang ein kleiner Wurm und mancheiner hat Glück und wird ein Schmetterling.

Doch wie auch immer, auch ein Wurm wurde in diese Welt geboren, um zu leben. Nicht jeder scheint das zu wissen, als sei es schwer zu verstehen.

Einer, der diese Dinge versteht, ist Mandan Kid. Inzwischen ist er kein Kind mehr, sondern ein Mann, aber sein Spitzname aus der Kindheit ist ihm geblieben. Niemand, außer seiner Mutter, erinnert sich seines richtigen Namens.

'Mandan' ist ein sehr altes Wort einer sehr alten Sprache eines sehr alten Landes. Es bedeutet in freundlicher Weise 'Narr'.

Als Mandan Kid ein Kind war, konnte er Stunden damit zubringen, einfach vor der Hütte zu sitzen und in den Sand zu seinen Füßen zu starren. Kam jemand vorbei und fragte ihn, was er da tat, antwortete er: »Ich beobachte!«

Was sollte Mandan Kid darauf schon antworten? Die Person, die ihm solche Fragen stellte, würde ohnehin nicht begreifen, was er da wirklich tat.

Manchmal ringelte sich ein Wurm unschlüssig aus einem kleinen Löchlein und wälzte sich am Boden oder ein Käfer krabbelte fest entschlossen in eine bestimmte Richtung oder eine Ameise suchte nervös nach ihrem Pfad ... Aber manchmal, da war nichts anderes als Sand!

Was beobachtete er dann? Was sah er so Besonderes im Sand? Wenn diese fragende Person hartnäckig war, hüllte sich

Mandan Kid in Schweigen. Nur in sehr seltenen Fällen gab er eine weitere Antwort preis: »Ich beobachte etwas. Aber es ist geheim!«

Einmal nämlich hatte ihn ein Erlebnis für alle Zukunft gelehrt, sich keinem Neugierigen mehr anzuvertrauen. War er doch nur ehrlich gewesen. »Ich sehe das Meer …«, hatte er dem Onkel aus der Nachbarschaft arglos zu schildern begonnen, was er alles im Sand sah, »…und dort sehe ich vier Inseln mit Palmen…«

Aber der Onkel hatte ihn so sehr mißverstanden, daß er Mandan Kid gar nicht mehr zuhörte, sondern in solch prustendes Gelächter ausbrach, daß das ganze Dorf zusammenlief und in ebensolches Gelächter ausbrach, sobald es vernommen hatte, was Mandan Kid dem Onkel geantwortet hatte.

Für Mandan Kid war dieses dumme Gelächter eine enttäuschende Erfahrung. Nie wieder würde er einer falschen Person die Wahrheit anvertrauen, beschloß er, nie wieder. Aber kannte er überhaupt eine richtige Person? Von da an erzählte er niemandem mehr, was er alles im Sand sah.

Mit der Zeit erlangte er die imaginäre Fähigkeit, überall hinzureisen. Er stellte sich etwas vor und schon wurde es wirklich. Wenn er zum Beispiel von einer vorbeifliegenden Krähe ermuntert sich vorstellte, in weite Höhen hinaufzufliegen, konnte er die Welt von dort oben betrachten, so wie es nur die Vögel konnten. Er konnte fühlen, wie so ein Vogel die Welt sah, konnte fühlen, wie Vögel fühlten, wenn sie auf die Welt hinabschauten … Er konnte auch sehr kleine Dinge sehen, so wie durch die Augen eines Käfers oder einer Ameise, ja sogar durch die Augen eines kleinen Wurms!

Nun könnte vielleicht jemand einwenden: ‘Würmer haben doch keine Augen!‘ Ja? Haben sie wirklich keine?

Was soll dieser lächerliche Zweifel? Das war noch lange nicht alles!

Wer seinem Mißtrauen weiterhin die Treue hält, bitte schön.

Jedenfalls konnte sich Mandan Kid so überzeugend hineinversetzen, wie ein Wurm riechen zu können, daß er dann tatsächlich wie ein Wurm den Sand roch.

Was? Sand riecht nicht? Wer hegt schon so arme Gedanken! Alles in dieser Welt hat einen Geruch!

Selbst das winzige Härchen des Bartes eines winzigen Würmchens. Wenn jetzt jemand protestieren möchte, weil er davon überzeugt ist, daß winzige Würmchen keinen Bart haben, dann braucht er gar nicht weiter zuzuhören und kann sich schlafen legen.

Sollte nun aber jemand besonders neugierig sein und anfangen, sich zu wundern, woher ich denn wüßte, was Mandan Kid wirklich im Sand sah, dem kann ich nur sagen: »Es ist geheim!«

Heute ist Mandan Kid ein Mann. Er lebt noch immer in dem kleinen Dorf, in dem man ihn einst wegen seiner Offenherzigkeit ausgelacht hatte.

Einmal befand er sich auf dem Weg in die Stadt. Er kannte jeden Schleichweg durch das Dickicht, die schmalsten Pfade, die kaum jemand betrat, manche kannte nur er. Es war Regenzeit. Dann war es ein besonderes Vergnügen, durch die Büsche zu streifen, naßgekitzelt von den nassen Blättern auf seiner Haut. Manchmal schloß er die Augen und ließ sich einen nassen Zweig über das Gesicht streichen. Und für kurze Momente erwachten Gefühle, die er nur in der Kindheit erlebt hatte. Sobald er auf seinen Geheimpfaden unterwegs war, kamen diese Eindrücke zurück und trugen ihm eine Freiheit zu Gemüte, die er in seinem Erwachsenenleben bisweilen schwer vermißte.

Er war nicht unglücklich. Keineswegs. Es war ihm klar, daß jede Zeit ihre Qualität hatte. Als Erwachsener konnte er die Qualität der Kindheit von einem ganz anderen Raum aus würdigen. Vom Raum eines erwachsenen Menschen.

Als er an der Hauptstraße angelangt auf den Bus wartete und das Fleckchen Sand zu seinen Füßen betrachtete, streifte sein Blick zufällig sein weißes Hemd, auf dem ein kleiner Wurm saß. »Oh, ein guter Freund aus alten Zeiten!«, dachte er, und die Erinnerung versetzte ihn in einen glücklichen Zustand.

Reifenquietschend näherte sich der Bus und kam zum Stehen. Vorsichtig stieg Mandan Kid die Stufen hinauf, den kleinen Wurm auf seinem Hemd stets im Auge, damit er nicht herabfiel. Er fand einen Sitz am Fenster. Hier gab es nur Gefahren für den kleinen Wurm, überlegte er. Würde er ihn aus dem Fenster werfen, wäre er im Nu von den Autos platt gefahren, würde der Wurm im Bus auf den Boden fallen, hätten ihn die Füße der Passagiere bald zertreten.

Er mußte dem Freund aus alten Tagen helfen. Die Welt hatte sich verändert seitdem. Es gab nicht mehr so viel Platz für einen kleinen hilflosen Wurm.

Während der Bus anfuhr, stellte er sich vor, daß sich der Wurm an alles erinnern konnte, was sie vor langer Zeit gemeinsam erlebt hatten, als er noch ein Kind war ..., der Geruch des Sandes im Sonnenschein ..., am Morgen, am Abend ..., wie der Sand nach einem Regenschauer roch ...

Bis er einen sicheren und friedlichen Platz für seinen Freund gefunden hatte, beschloß er, wollte er ihn beschützen. Das grüne Ufer des Flusses in der Stadt wäre ein geeignetes Zuhause für den kleinen Wurm. Dort könnte er auf einen versteckten Ast eines großen Baumes hinaufklettern und ungestört seinen langen Verwandlungsschlaf halten, bis er eines schönen Tages als Schmetterling wieder erwachte.

Indessen Mandan Kid so dachte, waren seine Augen in die vorbeirauschende Landschaft versunken. Er nahm nicht wahr, wie sich bei der nächsten Station ein Mann auf den Sitz vor ihm setzte. Der Mann kannte Mandan Kid, also drehte er seinen Kopf nach hinten, um mit ihm zu plaudern. Sie kannten sich schon immer. Jeder hier in der Gegend kannte Saint Thomas, der vor einigen Jahren ein Armenhaus im Dorf errichtet hatte und die

Bedürftigen mit dem Nötigsten versorgte. Er bot den Obdachlosen ein Dach über dem Kopf, gab den Hungernden zu essen, den Kranken Medizin und den ganz Verzweifelten ein wenig Hoffnung. Deshalb nannte ihn jeder hier 'Saint'. Was ihm durchaus schmeichelte, weil es ihm das Gefühl gab, im Dorf etwas Besonderes zu sein. Diejenigen, die seiner Hilfe bedurften, lagen ihm zu Füßen, und diejenigen, die seine Hilfe nicht nötig hatten, schätzten ihn aber lächelten auch über ihn. Er war schon immer eine Besonderheit gewesen, früher ein Taugenichts, heute ein Heiliger.

Kaum hatte er Mandan Kid gegrüßt, entdeckte er den Wurm auf dessen Hemd. »Hey«, rief er mit belustigter Miene durch den Lärm des Motorenratterns, »du hast da einen Wurm auf deinem Hemd!« Und schon schoß seine Hand wie eine angreifende Schlange hinter der Lehne hervor, packte den kleinen Wurm und warf ihn zum Fenster hinaus.

Es ging alles so schnell, so unerwartet, daß Mandan Kid keine Chance hatte zu reagieren. Mit schockiertem Gesichtsausdruck saß er da, unfähig zu protestieren.

Die Ohnmacht erinnerte ihn an seine Kindheit, an den Schmerz und die Wut, als ihn einst das ganze Dorf ausgelacht hatte, weil er die kleinen Wunder im Sand preisgegeben hatte …

Enttäuscht und ratlos blickte er Saint Thomas in die Augen und konnte nicht die leiseste Ahnung von solchen Gefühlen darin finden.

Vela Pata

Das Hotel ist eines der modernsten von Alleppey.

... vielleicht hat es einen Stern? Oder Zwei? Oder gar keinen! Was heißt das in Indien schon? Wohl werden die Sterne unmittelbar nach der Fertigstellung eines Neubaus vergeben und zwar nur für die äußere Fassade! Es ist schwer vorstellbar, daß die Herren der Jury auch in die Räumlichkeiten hineintreten, um die Einrichtungen mit eigenen Augen auf Sinn und Tauglichkeit hin zu prüfen ...

Das Hotel ist eines der neuesten von Alleppey!

... modern und neu hat hier den gleichen Rang. Alles, was neu ist, ist zugleich modern. Und alles, was modern ist, ist automatisch gut! Dem gepriesenen Fortschritt sogar die Erfahrung und die Weisheit der Ahnen zu opfern, ist eine global-mentale Neigung, die vor allem hier so anschaulich wird ...

Bei meinem letzten Besuch vor ein paar Jahren gab es das Komala Hotel noch nicht. Damals wohnte ich noch in einem altmodischen Hotel mit alten Fenstern. Ohne Vorhänge!

Meist sind die Vorhänge in den neuen Häusern ein besonders unappetitlicher Anblick. Denn abgesehen von dem Geschmack des für modern geglaubten Stoffmusters und des hochsynthetischen Materials, ist hier - ebenso wie das Fensterputzen - das Waschen und Instandhalten der Vorhänge völlig unbekannt. Ist einmal ein Vorhang angebracht, verbleibt er dort für alle Zeiten.

In jenen alten Hotels gab es auch noch gemütliches Kolonialmobiliar aus Holz und Rattan und große Badezimmer mit allen bewährten Vorzügen. Lediglich ein Wasserhahn, ein Eimer oder ein gemauertes Wasserbecken und ein Schöpfer genügte. Das ist heute fast nicht mehr zu finden. Wegen der Einfachheit waren damals die Pannen nicht so häufig, was niemand zu bemerken schien. Ein Wasserhahn funktionierte meistens. Die Blecheimer

waren unverwüstlich, bis sie einmal ein Loch hatten! Vielleicht saß öfter eine Kröte am Beckenrand oder der Vorgänger war ein Tourist aus dem modernen Westen, der das Wasserbecken für eine Badewanne hielt ...

Der Anstrich der Wände ist grau, der des Bodens auch, Kakerlaken sieht man nur wegen ihrer Größe ... Das Ungeziefer paßt sich solchem Ambiente viel harmonischer an, sticht nicht so augenfällig hervor.

... Kakerlaken sind braun! Das weiß doch jeder ...

Stille einer schwülen Nacht. Ich liege auf dem Bett; hypnotisiert von dem schwerfällig rotierenden Deckenventilator lasse ich die Gedanken kreisen, folge ihnen wie einem Kinofilm. Moskitos kommen darin vor, Kakerlaken auch ... Ein Hahn kräht längst vergessene Vergangenheit in mein Gedächtnis. Jedesmal, wenn sein ferner Schrei herüberfliegt, hüllt er mich in ein Gefühl von Kindheit ...

Ferien auf dem Land! Das klang genauso...

Eine Stunde vor Mitternacht! Warum kräht ein Hahn zu solch später Stunde? Jetzt kräht er wieder. Vielleicht liegt das an der indischen Spezies? Bis zum nächsten Schrei ist es etwa eine Minute lang still. Eine magische Minute voller Ewigkeit. Ich lausche in die Stille ...

Nein, so richtig still ist es in Indien ja nie. Die Grillen mit ihrem nächtlichen Dauergesang bilden einen lückenlosen Klangteppich im Hintergrund, ganz in Eintracht mit dem Solo des kreisenden Ventilators, der seine monotone Melodie von der Decke herunter surrt ...

Eine Kreatur in meinem Hotelzimmer aber schweigt auf dramatische Weise. Es ist die Kakerlake, die etwa anderthalb Meter von mir entfernt in dem Spalt zwischen Sitz- und Rückenpolsterung der festinstallierten häßlich modernen Plastik-Sitzekke kauert. Stumm und regungslos sitzt sie dort. Sie ist von stattlicher Größe.

Trotz des feuchtheißen Klimas gehört es zum derzeitigen Schick eines südindischen Mittelklassehotels, seine Zimmer mit derart neumodischen Sitzecken auszustatten, die die schwitzenden Schenkel nur dazu veranlassen, augenblicklich anzukleben, sobald sie mit dem Plastiküberzug in Berührung kommen. Angesichts dieser zudem verschlissenen, heruntergekommenen und stets verstaubten Exemplare stellt sich die Frage, wer sich eigentlich darauf niederläßt. Außer Kakerlaken! Und anderes Krabbelgetier. Viel gemütlicher ist es da im Bett. Die Kissen sind oft so hart, daß sie den unbequemen Nachteil mit einem praktischen Vorteil ausgleichen. Sie eignen sich hervorragend als Rückenpolster! Man kann sich anlehnen und dabei die Beine ausstrecken. Wenn man Glück hat, war der Elektriker kein Narr und hat die Lampe an der rückwärtigen Wand so angebracht, daß man sich beim Lesen und Schreiben nicht den Kopf verrenken muß.

In diesem Fall habe ich kein Glück, denn die Lampe hängt viel zu tief! Wenn ich sitze, befindet sie sich genau in der Höhe meines Nackens, was bedeutet, daß ich meinen Kopf immerzu leicht nach vorn beugen muß. Ich könnte ebenso ein wenig zur Seite rücken; dann jedoch scheint mir die heiße Glühbirne der Lampe unmittelbar auf die Schulter, und das wird bei der Schwüle ziemlich warm. Nun ja, die ungünstige Hänghöhe der Bett-Lampe ist im Verhältnis zur Kakerlake ein geringes Übel. Sie hockt dort in dem Spalt zwischen Sitzfläche und Rückenpolsterung der neumodischen Sitzecke und rührt sich nicht von der Stelle. Genauso wie gestern Abend...

Ich hatte schreckliche Einschlafschwierigkeiten deswegen. Schließlich schlief ich bei Licht und verkehrt herum mit dem Kopf am Fußende! Dafür gibt es eine lang gereifte, plausible Erklärung. Ich hatte nämlich herausgefunden, daß Kakerlaken in der Dunkelheit aktiv werden und bei Licht in ihren Verstecken verharren! Scheinbar sind auch sie ängstlich.

Bevor ich diese grandiose schlafrettende Entdeckung machte, hatte ich mich wie gewöhnlich bei gelöschtem Licht schlafengelegt. Verständlicherweise war mir äußerst unbehaglich zumute, von Schlafen nicht die geringste Spur. Mein Gedankenkino spielte mir im Dunkeln einen Kakerlakenhorrorfilm nach dem anderen vor. Das war nicht zum Aushalten! Wie unter Zwang knipste ich das Licht wieder an, um nachzusehen, ob sich etwas verändert hatte. Und tatsächlich, dieses Horrorwesen war doch glatt aus seinem Spalt auf die Sitzfläche hinaus gekrabbelt, einige Zentimeter in meine Richtung. Doch jetzt bei Helligkeit machte die Kakerlake kehrt und kroch schleunigst in ihren Spalt zurück.

Ich wiederholte meine Versuche. Licht aus, Licht an …

Das zuverlässige Verhalten der Kakerlake bestätigte meine Vermutung. Also beschloß ich, zu meiner Schonung das Licht anzulassen. Nur: Welche Lampe würde sich als Sicherheitsbeleuchtung am besten eignen? Das mußte ich noch herausfinden, denn für gewöhnlich ziehe ich die Dunkelheit zum Schlafen vor.

Insgesamt standen drei Beleuchtungsmöglichkeiten zur Auswahl. Die Neonröhre über dem Fenster schied als erste aus, sie goß den Raum in ein unangenehm grelles Licht. Dann gab es noch die Lampe über dem Spiegel, etwa zwei Meter vom Bett entfernt, und die viel zu tief hängende Lampe über dem Kopfende des Bettes.

Oh, eh ich es vergesse! Da ich nun einmal bei dem Thema bin: Mit Wanzen ist es ähnlich! Sie mögen auch kein Licht. Dann nämlich bleiben sie lieber im Bettgestell und krabbeln nicht hinauf auf die Matratze, wo sie dem Schlafenden ihre 'Straßen' in die Haut beißen. Der Tip ist Gold wert! Bei Wanzen im Hotelbett gibt es nur eines: Licht an und weiterschlafen und am nächsten Morgen mit frischem Elan den Hotelmanager fix und fertig machen und den Preis drücken!

Zuerst entschied ich mich für die Lampe über dem Spiegel.

Aber es stellte sich heraus, daß sie eindeutig zu hell zum Schlafen war. Also knipste ich die Lampe über dem Kopfende an. Sie war beweglich, und daher konnte ich sie so verdrehen, daß das Licht wie ein Spot auf die Kakerlake fiel. Die Kakerlake folgte auf wundersame Weise ihrem Kakerlakenreflex und zog sich wie per Fernbedienung noch etwas tiefer in den Spalt zurück. Der notwendige Umbau war schnell erledigt. Ich legte das Kopfkissen auf das Fußende und schlief verkehrt herum. Auf das zweite Bett hinüberzurutschen, wagte ich nicht, denn aus meiner Kakerlakenverhaltensforschung ergab sich ein logischer Schluß: Wenn möglich sollte der Schlafende nicht völlig im Dunkeln liegen! Man stelle sich nur vor, die Kakerlake überwindet sich entgegen ihres Naturelles, rennt mutig durch die Flut des Lichts, um die Sitzkante zu erreichen, krabbelt hinab zum düsteren Boden, unters Bett, den Pfosten hinauf bis zum Laken, wo es schön dunkel ist …

So verbrachte ich die erste Nacht im modernen Komala Hotel. Um drei Uhr nachts wachte ich auf, schweißgebadet von der Tortur des Träumens. Die Realität war relativ harmlos. Erfreulicherweise saß die Kakerlake immer noch regungslos auf der Sitzecke, lahmgelegt von der Helligkeit. Später um fünf wachte ich erneut auf. Die Kakerlake war verschwunden. Und bloß, weil ich sie nicht mehr sah, schien ich beruhigter zu sein. Jedenfalls schlief ich daraufhin endlich entspannt durch bis neun Uhr dreißig …

Stille einer tropischen Nacht. Ich liege auf dem Bett und lasse die Gedanken reisen. Es ist die zweite Nacht in diesem Zimmer, und dank meiner Erfahrung habe ich sämtliche Vorkehrungen getroffen. Vom Spotlight meiner Bettlampe knapp gestreift, kauert die Kakerlake in dem Spalt zwischen Lehne und Sitzfläche der häßlichen Plastikpolstergarnitur und wagt sich nicht zu bewegen. Es ist längst Mitternacht vorbei. Das Krähen des Hahns ist nun verstummt. Ich sehe ihn schlummernd in einer Erdmulde kauern. Der Ventilator zieht jetzt schnellere Kreise und fächert eine wohltuende Brise auf mich herab, denn in den Abendstunden sind die Stromleitungen so überlastet, daß er es gerade mit Mühe schafft, sich zu drehen. Aber jetzt schlafen alle, und bestimmt haben sie ihr Licht ausgeschaltet. Wie könnte sich die indische Bevölkerung durch nachtaktive Kakerlaken in ihren Träumen stören lassen? Auch wenn sie zuweilen mit hochprozentigen Giften gegen die Plagegeister vorgeht, so weiß sie letztendlich, daß sie damit leben muß. Ist ihre Gelassenheit nicht beneidenswert? Kein Streß mit dem ganzen Krabbelvieh …

Das Lachen von Cheaji klingt mir in den Ohren. »Sorry, my dear«, sagte sie, ihren amüsierten Blick auf mich gerichtet, »diese Panik vor einer Kakerlake wirkt auf mich natürlich sehr komisch!«

Am Nachmittag hatte ich der alten Dame einen Besuch abgestattet, so wie ich es immer tue, wenn ich mich in Alleppey aufhalte. Ich kenne sie seit langem. Früher war sie einmal Lehrerin gewesen, sie hatte nie geheiratet. Man trifft in Indien nur selten eine Frau, die allein lebt. Am Rande von Alleppey bewohnt sie ein nettes altes Häuschen, und in ihrem Wohnzimmer, das gleich an die breite überdachte Veranda anschließt, stapeln sich Türme von Büchern und Heften. Die sammelt sie eifrig zusammen und sucht dann den entsprechenden Lesestoff für die Büchereien und Schulen in den umliegenden Dörfern aus. In diesem Wohnzimmer wird man sie sicherlich bis zu ihrem letzten Atemzug Bücher sortieren und verpacken sehen, damit die Jugend im Alleppey Distrikt mit literarischer Nahrung versorgt ist. Keine Behörde bezahlt sie dafür. Wovon sie eigentlich lebt und ihre Vision finanziert, ist mir unklar, ich glaube, sie hat einige Gönner.

Auf ihre höfliche Frage, ob mein Aufenthalt im Hotel angenehm sei, erzählte ich ihr von dem unwillkommenen Mitbewohner und schilderte ihr den Streß, den ich in der Nacht deswegen gehabt hatte. Für die Hysterie eines modernen Menschen hatte sie zwar wenig Verständnis, aber die Geschichte belustigte sie über alle Maßen, und so lachte sie mich mit ihren betelschwarzen Zähnen aus. Für einen Moment dachte ich, sie würde überhaupt nicht mehr aufhören zu lachen. Irgendwie erschien mir ihre Reaktion etwas übertrieben.

Als sie sich dann ein wenig beruhigt hatte, nahm sie einen Schluck gewürzten Milchtee und fuhr fort: »Und es gibt noch einen anderen Grund, weshalb ich so lachen muß…« Sie hielt vielversprechend inne und musterte mich mit einem Blick, der so verschmitzt war, daß ich ihn nicht deuten konnte. Nach einer dramatischen Kunstpause begann sie dann in einem Ton zu erzählen, als beabsichtigte sie nun, ein Geheimnis zu offenbaren. »Es ist dir sicherlich entgangen, weil du unsere Sprache nicht verstehst, aber du hast schon seit langem einen Spitznamen hier in dieser Gasse! Jeder in der Nachbarschaft, der dich kennt, nennt dich so: Vela Pata!«

Vela Pata? Habe ich das schon einmal gehört, überlegte ich.

Ich kam nicht dazu zu fragen, was Vela Pata bedeutete, weil sie bereits weitersprach. »Von Zeit zu Zeit häuten sich die Kakerlaken, und wenn sie ihren alten Panzer abgeworfen haben, sind sie ganz weiß. Das sieht wunderschön aus. Allerdings ist es sehr selten, so etwas zu beobachten. Meist haben nur Kinder die Gelegenheit, das zu sehen, sie haben mehr Muße …«

Ich wunderte mich sehr, warum sie mir das alles erzählte.

»Wenn ich so recht überlege, habe ich nur in meiner Kindheit ein so frisches Weiß gesehen!« Sie überlegte wirklich sehr angestrengt, aber es fiel ihr nur ihre Kindheit ein. »Weißt du, für uns war Weiß schon immer etwas Besonderes, weil wir alle so dunkel sind. Wann immer wir als Kinder etwas Weißes sahen, fanden wir es schön und riefen freudig Vela Pata!« Sie richtete sich abrupt auf und blickte für einen Moment in weite Ferne. Hundegebell vor dem Fenster holte sie unverzüglich zurück. Wieder schaute sie mich mit diesem seltsamen Blick an, den ich so gerne gedeutet hätte, und verriet endlich die Lösung: »Vela Pata heißt 'Weiße Kakerlake'!«

Wahrscheinlich stand mir der Mund offen vor Verblüffung. Sie nannten mich 'Weiße Kakerlake'?!

»Du brauchst jetzt nicht zu erschrecken«, sagte sie schmunzelnd und nippte kurz an ihrer Tasse, »Vela Pata bezeichnet immer etwas Schönes.« Und mit sachlicher Stimme fügte sie ergänzend hinzu: »Aber diesen Begriff kennen heute nur noch die Alten, die Jungen kennen Vela Pata nicht mehr ...«

Mit einer Mischung aus Verschmitztheit und Rührung lächelte sie mich an. Glanz in ihren Augen verriet wachgewordene Erinnerungen. »Vela Pata ...«, sagte sie in einer Weise, als spräche sie nicht nur zu mir, »... bei uns Alten bist du die Vela Pata!« Mehrmals seufzte sie das »Vela Pata« leise vor sich hin, und ihr Blick hing lange an jenem fernen Punkt, der sich allem Anschein nach jenseits von Zeit und Ort befand.

Die Neugier fraß mich schier auf. Liebte sie einst einen weißen Mann, einen Vela Pata? Oder war es gar eine weiße Frau gewesen, der sie ihr Herz schenkte ... und hatte deshalb nie geheiratet? Ich wagte nicht, sie danach zu fragen. Die nun folgende Stille schuf eine geradezu heilige Stimmung. Das Geheimnis schien zu kostbar, um es anzurühren; es wollte ein Geheimnis bleiben und gebot mir Schweigen.

Als ich später zum Gehen aufstand, lief sie zu dem großen, schiefen Bücherregal hinüber und kam mit einem dünnen Büchlein zurück. »Schau, das ist die Geschichte von Vela Pata! Doch leider kannst du sie nicht lesen, weil sie in Malayalam geschrieben ist.«

Ich blickte sie enttäuscht an, dann die rätselhaften Schnörkelbuchstaben des dünnen Büchleins in ihren Händen, die unerbittlich lockten, ihren Inhalt zu erfahren. Angesichts der offensichtlich kurzen Geschichte schlug ich vor, sie doch einfach zu erzählen. Sie musterte mich, als müsse sie die Echtheit meines Interesses genauestens prüfen. Als dürfe diese Geschichte nicht an jedermann vergeudet werden! Ihre Lippen zuckten, hielten den Druck des Lachens nicht mehr aus, der Spitzbub huschte grinsend über ihre Mundwinkel, und mit gespielter Güte meinte sie: »Wenn du noch soviel Zeit hast.« Sie drehte sich um und ging langsam auf die Veranda hinaus, ich folgte ihr. Draußen war die grüne Welt wie verwandelt. Ein glühender Abendhimmel schrie mit feuriger Leidenschaft durch die Umrisse der Palmen, um es allen zu verkünden, daß sich dort am nicht greifbaren Horizont soeben ein Wunder vollzog. Jedes Blatt, jedes Wesen, ja, meine sonst so blasse Haut war von einem magischen Leuchten überzogen.

An das alltägliche Farbenparadies gewöhnt, lehnte sie sich mit halb geschlossenen Augen an die Säule neben den drei Stufen zum Garten und begann mit leiser Stimme zu erzählen:

»Einst kam eine reiche weiße Frau an diese Küste, nur wenige Kilometer südlich von hier ...« Sie deutete in die Richtung, wo sich das Zentrum des Himmelsfeuers zusammenbraute. »...Diese weiße Frau war in ihrer westlichen Heimat eine Tänzerin, niemand wußte, wie sie von dem Tanzfest an diesem Fischerstrand erfahren hatte. Normalerweise kamen keine Fremden hierher, um sich die zweiwöchigen Tanzvorführungen anzusehen. Aber die weiße Frau blieb und fehlte bei keiner Vorstellung. So wurde sie auch Zeugin, als am vorletzten Abend Shiva tanzte - etwa in der Hälfte des Stücks löste sich eine Tänzerin aus der Gruppe und fiel in Trance - dann tanzte Shiva mit ihrem Körper ...«

Cheaji tat einen wohligen Seufzer und versank einen Atemzug lang in den Anblick des verglühenden Himmels.

»... Es gab keinen unter den Anwesenden, der sich der Kraft dieser Darbietung hätte erwehren können. Mit dem letzten Schlag der Trommler stürzte die erschöpfte Shivatänzerin zu Boden wie ein gefällter Baum. Die Menschen, im Bann dieses Augenblicks, standen stumm und regungslos. Es herrschte eine Stille, die nicht von dieser Welt war. Doch schon im nächsten Augenblick löste sich die Gruppe der Tänzerinnen aus ihrer Starre, Sängerin und Musiker stürmten auf die Bühne, und alle umringten die ohnmächtige Tänzerin. Ein seltsames Raunen ging durch die Zuschauermenge, keiner brachte ein Wort heraus. Bis die Sängerin bekannt gab, daß die Veranstaltung nun abgebrochen werde.

Langsam und leise murmelnd schob sich die Menge auf die Öffnung im Zaun zu, die zum Strand hinaus führte, mittendarin die reiche weiße Frau. Ein Mann ging neben ihr, er hatte während der ganzen Vorstellung hinter ihr gestanden. Da er die Verwirrung in ihrem Gesicht sah, wollte er ihr alles erklären, aber sein Englisch war zu ungeübt, und so sagte er nur: 'Shiva!'. Von der Überwältigung gelähmt konnte sie nicht sprechen. Obwohl sie selbst eine Tänzerin war, hatte sie so etwas in ihrem Heimatland noch nie erlebt. 'Was ist denn geschehen? Warum wird die Vorstellung abgebrochen?', fragte sie schließlich nach längerer Stummheit. Der Mann suchte nach den richtigen Worten und antwortete stockend. Gott Shiva sei soeben auf dieser Bühne anwesend gewesen, habe mit dem Körper dieser Tänzerin getanzt! Deshalb war der Abend nun zu Ende. Schweigend gelangten sie im sanften Sog des losen Gedränges hinaus auf den Strand. Wie vereinbart blieben sie stehen, ihr Heimweg führte in entgegengesetzte Richtungen. Der Mann fragte die weiße Frau, ob sie etwa an dem bekannten Strand mit dem Leuchtturm wohne. Sie lachte verneinend und deutete auf das naheliegende kleine Dorf. Er war etwas verwundert, denn alle Fremden wohnten an dem bekannten Strand mit dem Leuchtturm. Schließlich gab sie die Frage an ihn zurück, und auf den Sand zu seinen Füßen deutend antwortete er: 'Ich bin von hier.' Sie blickte ihn verwirrt an. Scheu lächelnd erklärte er: 'Ich bin ein Fischer und wohne dort...' Mit einer flüchtigen Handbewegung zeigte er auf den finsteren Teil des .trandes. Sie l...chelte überrascht. Dann verabschiedete er sich: ‘Bis morgen!‘, drehte sich um und verschwand in der Dunkelheit. Am nächsten Abend trafen sie sich an der gleichen Stelle vor der Bühne, es war die letzte Vorstellung des Tanzfestes. Danach trennten sie sich nie wieder. Er nannte sie zärtlich Vela Pata, und fortan lebten sie gemeinsam an jenem Fischerstrand ... «

Cheaji hielt inne und schaute mich mit einem entrückten Lächeln an, bis ihr Blick durch mich hindurch rutschte und in weite Ferne schwebte, wo sie die Bilder dieser Geschichte sah.

»Sie bauten sich am Strand ein einfaches, aber wunderschönes Haus, das für alle offenstand. Der Fischer fuhr weiterhin mit den anderen auf das Meer hinaus, und Vela Pata, die weiße Frau, ging in die Dörfer, um das Tanzen mit Shiva zu lernen. Sie suchte und fand jene göttliche Tänzerin und ließ sich bis zu ihrem Lebensende von ihr unterrichten. Jeder kannte sie und auch den Fischer, denn ihre Liebe hat die Menschen hier nicht ungerührt gelassen ...«

Cheaji tat einen tiefen Atemzug und lächelte mich mit dem glasigen Blick eines jungen Mädchen an. »Das also ist die Geschichte von Vela Pata ... die schöne Weiße ...«

Eine Hymne an die weiße Kakerlake, flog es durch meine Gedanken, ich sagte aber nichts. Verwundert stellte ich fest, daß ich auf dem breiten, gemauerten Rand der Balustrade saß und mich nicht erinnerte, wie es überhaupt dazu gekommen war, daß ich hier saß ...

Stille einer lauen Tropennacht. Bald graut der Morgen. Auch jetzt fällt es mir nicht ein. Die Geschichte der Vela Pata hat alle Erinnerung verdrängt. Ich weiß nur, was davor war und danach, dazwischen existiert allein die Geschichte, ... nicht einmal ich bin da ...

One Minute I.

Eine Minute!

Sind das nicht exakt sechzig Sekunden?

Im Normalfall ist eine Minute recht überschaubar, eine Zeitspanne, mit der man eigentlich nicht viel anfangen kann. Das weiß man bereits im voraus. Was kann ein Mensch in sechzig Sekunden schon unternehmen? Einmal ums Haus rennen? Zur Toilette gehen! Ein Glas Wasser trinken! Eine halbe Banane essen? Schuhe anziehen! Post aus dem Briefkasten holen! Mit dem Nachbarn ein paar Worte wechseln! Den Hund streicheln! Den Ehemann streicheln ...

Für einen saftigen Ehekrach reicht es jedenfalls nicht! Eine Minute ist nicht lang! Das erscheint nur richtig und logisch. Zumindest denkt so die linke Hemisphäre, der westliche Verstand. Wenn man sich also für 'eine Minute' entschuldigt, dann bedeutet das, daß der Umstand wirklich nur von kurzer Dauer ist und kaum sechzig Sekunden überschreitet. Es würde doch niemand auf die unsinnige Idee kommen, eine Zeitangabe von 'einer Minute' zu machen und dann für Stunden oder gar Tage zu verschwinden. Wozu auch? Dafür gibt es ja andere Zeitbegriffe wie Stunden, Tage, Wochen, Monate, Jahre ...

Es gibt aber Gebiete auf unserer Erde, wo ein völlig anderes Zeitverständnis das Leben bestimmt. Die rechte Hemisphäre regiert dort die Menschen! Ein höfliches »One minute!« dient allen Gelegenheiten und beschränkt sich nicht nur auf einminütige Vorhaben. Damit macht man sich nämlich dort auf freundliche Weise aus dem Staub!

Wenn also jemand »One minute!« sagt, ist lediglich eines gewiß: Er meint bestimmt nicht sechzig Sekunden! Daß einer ohne Gewissensbisse vielleicht erst Tage später zurückkommt, ist absolut gewöhnlich und versetzt niemanden in Staunen. Denn dieses »One minute!« hat den Rang eines Zauberwortes und ermöglicht jene vielgewünschte Freiheit, entweder für viele Stunden oder auch für immer getrost zu verschwinden.

Wofür sich schuldig fühlen? Es war nie böse Absicht gewesen! Was dann? Unwissenheit über die Beschaffenheit einer Minute etwa? Sicherlich nicht, denn seit langem gibt es TV und Radio. Die Bevölkerung hat längst mitbekommen, daß ihr Filmheld Mohan Lal nicht auf der Bildfläche erscheint, wenn der Fernseher zur falschen Zeit eingeschaltet wird.

Aber deswegen hat sich die Zeitdiktatur noch lange nicht in die Herzen dieser Menschen eingenistet. Frei von der Vorstellung, wie lang eine Minute zu dauern hat, scheinen sie immun zu sein gegen diese neuzeitliche Fixierung, eine Minute müsse unbedingt aus einer limitierten Anzahl von Sekunden bestehen.

Rein äußerlich mag es zwar so aussehen, daß auch dort in allen Winkeln des Daseins die Uhren ticken, weil man sie verwundert an jedem Handgelenk erblickt; in Wirklichkeit aber ist das eine optische Täuschung. Jeder findet es schick, so ein tikkendes Ding zu besitzen, ob an der Wand im Schwarzwaldstil oder am Handgelenk à la James Bond oder Onassis. Doch wohl kaum dient es dem Zweck eines nützlichen Gebrauchsgegenstandes zur Zeitinformation. Der Nutzen einer Uhr umfaßt weit mehr Bereiche. Man kann wunderbar damit spielen und sich die Zeit vertreiben, zum Beispiel beobachten, wie sich die Zeiger bewegen, zuschauen, wie die Zeit vergeht, zum Spaß messen, wie lange man von da nach dort braucht. Inzwischen lassen sich sogar Datum und Wochentage einprogrammieren ... oder ein stündliches Alarmsignal. Aber vor allem ist eine Uhr zum Angeben geeignet. Und dazu ist es nicht einmal wichtig, daß die Uhr auch funktioniert.

Das Diktat der tickenden Zeiger bewirkt hier keinen Gehorsam, sondern allenfalls Staunen und Bewunderung, schlimmstenfalls Neid.

Wie läßt sich also der schlampige Umgang mit 'One minute' erklären? Vielleicht würde es helfen, in diesen paradiesähnlichen Raum zu fliegen, in dem die Zeit nicht wirklich existiert, um das zu begreifen? Wo das sein mag? Wenn man es nicht so abgeschieden haben will, fährt man am besten nach Indien. Dort läßt sich das Phänomen hervorragend studieren, und dabei zwingt es einen zu eigenen Erfahrungen. Auch einmal praktisch Bekanntschaft mit der Elastizität einer einzigen Minute zu machen, ist schon noch etwas anderes, als darüber zu philosophieren!

Es klingt verrückt. Ist das nicht der Ort, wohin manch einer aus der zeitperfekten modernen Welt wieder entfliehen möchte? Des Zeitkorsetts überdrüssig, weiß er anfangs nicht so recht, was eigentlich seine Unruhe schürt, bis er etwas sieht, das man eben erst erkennen kann, wenn man mittendrin steckt: in der Falle von Nützlichkeit und Planung. Doch, wie da wieder herauskommen? Tausend Argumente demonstrieren die Enge. Bisweilen jedoch klappt ein Fluchtversuch, und dann kann dieses alte Land behilflich sein, endlich zur gebührenden Erschütterung zu finden: über die Macht der tickenden Zeiger und die dramatische Störung der eigenen Lebendigkeit. Er hat das Träumen verlernt!

Jetzt fühlt er sich wie aufgewacht und fängt an, ganz neue Fragen zu stellen. Warum trägt ein ganz normaler Durchschnittsmensch, ob mit Jeans oder Anzug, Krawatte und Hemd oder T-Shirt, eigentlich eine Armbanduhr mit Sekundenzeiger? Wirklich nur Spinnerei? Oder bitterer Ernst?

Aus der Ewigkeits- und Zeitlos-Perspektive ist diese Frage doch nur berechtigt. Wozu also braucht ein Mensch im ganz normalen Alltag überhaupt Sekunden?

Es muß an der Augenblicksbegabung jenes verträumten Volkes liegen! Weil es träumfähig ist? So ein Bewußtsein vermag aus jeder Minute eine neue Minute hervorzubringen ... und vollzieht das Wunder: Automatisch öffnet sich jene magische Tür zur

Ewigkeit, ermöglicht den Zutritt zu einer Dimension, die in pure Freiheit mündet.

Oder etwa nicht?

Wann also ist eine Minute tatsächlich zu Ende?

Wo liegt eigentlich Changanacherry?

Ein Tourist macht für gewöhnlich nicht Halt in Changanacherry. Es sei denn, er wird auf Grund von Transportschwierigkeiten von einem Bus mit brennendem Motor oder platten Reifen dort ausgespuckt.

Für ihn gibt es dort nichts zu sehen. An den paar Kirchen, dem Bischof, dem Lärm und den Abgasen ist er nicht interessiert. Da ist das knapp dreißig Kilometer entfernte Alleppey mit seinen zugewachsenen Kanälen weitaus interessanter. Daß diese über das erträgliche Maß hinaus mit Abfall zugeschüttet werden und mittlerweile fürchterlich stinken, weiß er noch nicht, denn das steht ja nicht im Reiseführer. Darin findet übrigens Changanacherry nur als Name auf der kleinen eingezeichneten Landkarte Erwähnung. Ein kleiner Punkt, sonst nichts! Daß es mit gigantischen Kirchen stolzer Bischofssitz ist, drei Colleges hat, dann ein unabhängiges Frauenkloster, einige von Nonnen selbstverwaltete Kinderheime und sogar eine angesehene AyurVeda-Klinik, kann man also nur aus anderen Quellen erfahren.

Das Wort Changanacherry hörte ich zum ersten Mal auf dem Flughafen von Kairo. Aus dem Munde eines Deutschen, der wie ich mit der billigen Egypt Air die Route München-Bombay gebucht hatte. Mit Umsteigen in Kairo und sechsstündigem Aufenthalt auf dem Flughafen. Wir waren die einzigen Passagiere , die nach Bombay weiterwollten.

Ich habe noch die seltsam geschäftige Stille im Ohr und das Bild vor Augen, wie wir irgendwann mitten in der Nacht an der Transit-Bar saßen und völlig übermüdet an dem soundsovielten Mineralwasser nippten.

Das erste, was man bei solchen Begegnungen austauscht, ist, wohin man fährt, was man Tolles vorhat und wieviel Zeit einem dafür zur Verfügung steht.

Ich hatte ihm ganz aufgeregt meine heiße Story erzählt: Von Bombay würde ich mit dem Zug nach Hampi fahren, um meine Freundin zu 'retten', die dort festsaß, weil sie wegen einer üblen Geschichte ihr ganzes Geld und auch einen großen Traum verloren hatte …

Im Gegenzug erzählte er seine Geschichte.

Er war etwa in meinem Alter, also Ende dreißig, und litt seit sechzehn Jahren an einer schlimmen, unheilbaren Krankheit, deren Namen ich auch da zum ersten Mal bewußt hörte: Bechterew! Nachdem er mir erklärt hatte, was das ist, stand er zum Beweis - und zu meinem Schrecken - auf. Sein Rücken war so krumm, daß er nicht gerade stehen konnte. Im Laufe der Jahre, sagte er fast entschuldigend, seien seine Gelenke immer steifer geworden. Ich spürte, wie unangenehm ihm sein Anblick war, denn er setzte sich sofort wieder hin.

Die westliche Schulmedizin versagt bisher bei dieser Krankheit und verabreicht lediglich achselzuckend Schmerzmittel, die bei Langzeiteinnahmen chronische Darminfektionen verursachen. Dieser deutsche Indienreisende war noch keine vierzig und bereits ein körperliches Wrack, zumindest fühlte er sich so. Eine AyurVeda-Behandlung versprach zwar keine vollkommene Heilung, aber immerhin eine bis zu sechzigprozentige Besserung mit natürlichen Mitteln. Daß eines davon 'Eine umgestellte Lebensweise' hieß, erfuhren die Patienten erst in der Praxis ihrer alternativen Heilungsmethode. Und bestimmt hatte auch dieser Deutsche auf dem Kairoer Flughafen nichts davon geahnt, was in Wirklichkeit auf ihn zukam.

Er wollte gleich am nächsten Morgen von Bombay nach Trivandrum in den Süden weiterfliegen, wo ihn ein Fahrer der AyurVeda-Klinik abholte. Ihm ging es so miserabel, daß er wegen der fünf Stunden Autofahrt nach Changanacherry ernsthaft besorgt war.

Jedesmal, wenn er zur Toilette schwankte, beobachtete ich

ungläubig, wie sich sein Gesicht grün verfärbte vor Schmerz und Anstrengung und Schwäche. Seine üble Verfassung ließ mich zuweilen ernsthaft befürchten, er werde bereits auf dem Kairoer Flughafen schlappmachen.

Mit resignierender Hoffnung blickte er der zweimonatigen Kur entgegen, der er sich in Changanacherry unterziehen wollte. Es war das erste Mal für ihn. Auch Indien. Die AyurVeda-Klinik war bei den Bechterew-Kranken seit längerem bekannt. Er erzählte mir von dem Artikel eines jungen Deutschen, der selbst an Bechterew litt und in Changanacherry Linderung gefunden hatte. Inzwischen kenne ich ihn persönlich, und wenn man nichts von seiner Krankheit weiß, sieht man sie ihm nicht an. Heute ist er der Ehemann einer Inderin und der Vater einer kleinen Tochter. Er leitet für die AyurVeda-Klinik, in der er viele Jahren behandelt wurde, eine Art Meditations-Yoga-AyurVeda-Hotel bei Kumuli in den Bergen, einige Autostunden von Changanacherry entfernt.

Changanacherry und Bechterew und München sind also sehr eng miteinander verknüpft. Daß ich mittlerweile das Wort 'Changanacherry' auf Anhieb richtig schreiben kann, liegt an der jahrelangen Übung.

Geographisch war ich zu jenem Zeitpunkt an der Kairoer Flughafen-Bar recht ahnungslos. »Wo liegt eigentlich Changanacherry?«, fragte ich schließlich, nachdem wir bereits Stunden über die AyurVeda-Klinik geredet hatten. Obwohl ich derzeit seit etwa fünfzehn Jahren regelmäßig nach Indien reiste, war mir dieser Name noch nicht untergekommen. Die komplizierten Namen merkt man sich nur, wenn man muß! Streift man dagegen beim Schmökern im Reiseführer auch nur einmal flüchtig den Namen 'Cochin', bleibt er wie ein leckerer Klang in den Ohrkanälen hängen. Das kann schicksalhafte Folgen haben! So könnte es zum Beispiel passieren, daß die Sinne wegen dieses Namens in eine Art Ekstase gerieten, was natürlich dem Gehirn nicht verborgen bliebe. Und schon schnappten sich die Gedanken die Impulse, transformierten sie zu Inspiration und spönnen einen magischen Ort …

Schaut man im Reiseführer unter 'Cochin' nach, wird man geradezu mit Informationen überschüttet. Das historische Gewicht ist beachtlich. Demnach muß dieses Cochin seit Menschengedenken ein magischer Ort gewesen sein, der die Ereignisse anzog wie der Mond das Meer. Namen wie Vasco da Gama gaben Cochin die Ehre und prägten die Signatur. Die Vergangenheit hat einen betörenden Klang in den Namen gelegt: Cochin…

Als wir in Kairo die Maschine nach Bombay bestiegen, hatte ich endlich die Adresse der AyurVeda-Klinik in der Tasche. In meinem Kopf pulsierte die Energie eines perfekten Plans für die Zukunft meiner Freundin. 'Man muß die Schubkräfte des Schicksals nutzen!', flüsterten die Stimmen in mir. 'Denn manchmal schieben sie einen ganz woanders hin, als einen der Wille gern haben möchte.'

Der Flug verlief ohne nennenswerte Zwischenfälle. Nur der Platz zum Schlafen war knapp. Völlig geschlaucht verabschiedete sich der kranke Deutsche von mir in Bombay. Ich versprach, ihn baldmöglichst mit meiner Freundin in Changanacherry zu besuchen. Dann fuhr er zum National-Flughafen und ich zum Bahnhof in die Stadt.

Aber ich verließ Bombay noch lange nicht. Weil gerade irgendwo im Zentrum von Indien ein 'Cyclone' beträchtlichen Schaden angerichtet hatte, wartete ich etwa dreißig Stunden auf den Zug in Bombay, und die Fahrt nach Hampi dauerte mehrere Tage. Ich mußte zweimal umsteigen und einmal eine halbe Nacht im Lady's Waitingroom auf einem Bahnhof mitten auf der Strekke zubringen. Todmüde quälte ich mich ab, in den unbequemen Schalensitzen eine Position zum Schlafen zu finden, bis ich beobachtete, wie eine Familie gerade den einzigen Tisch räumte, auf dem sie die letzten Stunden beneidenswert geschlafen hatte. Eine alte Nonne hatte dies auch gesehen, und wir teilten die Tischplatte schwesterlich. Daraufhin hatte ich im wahrsten Sinne des Wortes einen himmlischen Schlaf und hätte beinahe den Anschlußzug verpaßt.

Als ich in Hampi eintraf, ging es meiner Freundin den Umständen entsprechend gut. Die üble Geschichte hatte einen hohen Preis von ihr abverlangt. Nur wenige Monate zuvor hatte sie wegen eines Mannes Hab und Gut in der deutschen Heimat aufgelöst und ihre medizinische Ausbildung hingeschmissen, um sich in Hampi mit einem Inder aus Bombay niederzulassen. Dort wollten sie heiraten und ihre Träume verwirklichen. Sie träumte von einer kleinen Krankenstation und er von einem kleinen Yoga-Zentrum. Es klang wunderbar. Doch dann kam alles anders als erwartet, und ihr Traum zerplatzte wie eine Seifenblase im Wind.

Ihre Lage erschien aussichtslos. Bis sie an ihre Ausbildung wieder anknüpfen konnte, würde ein dreiviertel Jahr verstreichen. Sie hatte weder eine Wohnung noch das nötige Geld, um eine zu bezahlen. Es gab also keinen triftigen Grund, unverzüglich heimzukehren. Und außerdem, mit welcher Niederlage!

Auf dem Flughafen in Kairo habe ich den Ablauf in aller Deutlichkeit begriffen: Ich würde meiner Freundin von der Begegnung mit dem Deutschen hier erzählen, sie würde verstehen, wir würden nach Changanacherry fahren, diese AyurVeda-Klinik ausfindig machen und die Ärzte um die Erlaubnis eines Praktikums für sie bitten. Sie könnte dann dieses 'verdorbene' Jahr sinnvoll für eine ayurvedische Fortbildung nutzen und ihren alternativen Neigungen frönen.

Ich war von einer euphorischen Welle ergriffen. Wie das Schicksal immer wieder in die Richtung zeigte, wo ein Weg war! Meine Gedanken überschlugen sich. Gab es etwa immer einen Weg? Ging es nur darum, ihn überhaupt zu sehen?

Meine Freundin hatte keinen Sinn für die Zufälligkeit von Begegnungen und einer damit verknüpften Bedeutung. Der Verlauf der Dinge ihrer jüngsten Vergangenheit hatte sie dermaßen niedergeschmettert, daß sie weder von 'Bildern' etwas sehen wollte, noch für Deutungen offen war.

Es hatte mich meine ganze Überredungskunst gekostet, daß sie wenigstens einwilligte, einfach aus medizinischem Interesse die AyurVeda-Klinik in Changanacherry anzuschauen und dann weiter hinunter in den Süden an den Strand zu fahren, wo wir Freunde treffen wollten.

Alle Schubkräfte des Schicksals beachtend, hatte ich den Plan, den ich für ihre unglückliche Situation entworfen hatte, wieder und wieder geprüft, aber meine Überzeugung wurde dadurch nur bestärkt.

Mit meiner Freundin im Gepäck erreichte ich eine Woche später Cochin, wo wir ein paar Tage bleiben wollten. Den Anschlußzug nach Changanacherry hätten wir ohnehin erst am nächsten Tag bekommen.

Im Hotel in Cochin ereignete sich dann ein weiterer Zufall, den ich als gutes Omen deutete: Die Richtung stimmte!

Kaum war ich mit dem Hotel-Besitzer ins Gespräch gekommen, stattete ihm sein Neffe einen überraschenden Kurzbesuch ab. Stolz stellte er ihn mir vor. Er sei nur geschäftlich hier und lebe in Changanacherry, sagte er im höflichen Indian-English.

»Welch ein Zufall!«, rief ich überrascht aus. »Wir wollten übermorgen nach Changanacherry weiterfahren und dort die AyurVeda-Klinik anschauen!«

»Das trifft sich gut«, antwortete der hübsche Neffe mit dem verträumten Lächelblick. »Ich fahre nämlich schon morgen zurück und könnte Ihnen ein Zimmer im Vani Hotel buchen.« Ich hatte keine Einwände, im Gegenteil, ich freute mich über diesen Service. Und obendrein versprach er, uns am Bahnhof in Changanacherry abzuholen! Er wolle uns nämlich einem Onkel vorstellen, gestand er eifrig, der dort eine AyurVeda-Praxis betrieb.

»Das macht überhaupt keine Umwege«, beteuerte er, »die Praxis liegt direkt auf dem Weg ins Vani Hotel.«

Und so kam es dann auch.

Lief es nicht reibungslos glatt, überlegte ich und spürte, wie mein Herz vor Aufregung pochte. Als sei man im passenden Nadelöhr eingefädelt!

Wir blieben eine Woche in Changanacherry, und nach einem erholsamen Aufenthalt am Strand im Süden flog ich wieder heim. Meine Freundin kehrte nach Changanacherry zurück, wo sie ein halbes Jahr verbrachte.

Kurz vor ihrer Heimreise besuchte ich sie nochmals für einen Monat. Natürlich kannte sie inzwischen Gott und die Welt in diesem Changanacherry, und so wurde ich von einem Haus zum anderen geschleift. Überall gab es pappsüßen Jaia und höfliche Fragen nach Herkunft und Abstammung und Familienstand und dem Namen und dem Beruf des Vaters.

In der AyurVeda-Klinik war das anders. Dort führten wir Gespräche mit den deutschen Patienten über den Verlauf ihrer Krankheit und über die indische Behandlungsweise. Die Massagen machten ihnen zu schaffen. Sie wurden von mindestens zwei, manchmal von vier Personen symmetrisch ausgeführt. Das ständige Verschmiertsein mit den unangenehm riechenden Ölen über Wochen und Monate hinweg wurde ihnen bald unerträglich. Sie durften sich bei der Hitze nicht einfach kalt abduschen, sondern wurden wie kleine Kinder von den Pflegerinnen und Pflegern mit lauwarmem Heilwasser gewaschen. Es blieb ihnen wenig zu tun übrig. Jegliche Anstrengung meiden und viel ruhen waren die obersten Gebote für die Patienten. Nicht einmal in die Stadt fahren oder wenigstens spazierengehen wurde gebilligt, ja, sogar das Lesen sollten sie einschränken, damit sich auch der Geist erholen konnte.

Es gab niemanden, der ohne seelische Tiefs eine AyurVeda-Behandlung durchschritt. Nicht einmal jene, denen eigentlich gar nichts fehlte und die lediglich zu einer sechswöchigen Entgiftungskur hierher gekommen waren.

Aber es gab Tage, die waren von einem kleinen Wunder überstrahlt. Ein Freiburger, der zu Beginn seiner Behandlung weder den Kopf drehen noch den Rücken bewegen konnte, brach drei Wochen später in Jubel aus, weil er wieder zum Himmel blicken konnte, als ein Schwarm kreischender Krähen vorüberzog.

Für ihn war es ein Wunder. Ich war Zeuge ...

Damaindis erstes Bankkonto

»Die Nonne sagte mir, Sanil hat die erste Woche nach den Ferien nur geweint …«

Damaindi folgte meinem Bericht mit traurigen Augen. Sie fühlte den gleichen Schmerz wie ihr zwölfjähriger Sohn. Sie vermißte ihr Kind, und ihm fehlte seine Mutter. Dann begann sie zu jammern: »Aber was kann ich schon tun? Womit soll ich den Rikschafahrer bezahlen, der Sanil in die Schule bringt und wieder abholt? Sathyan ist in Saudi Arabien und hat erst jetzt nach neun Monaten eine Arbeit bekommen …« Sie wischte sich die Tränen mit dem Endstück ihres Lungis ab und schnaufte tief durch, so als versuche sie sich zu stählen. Etwas gefaßter fuhr sie fort: »Bis Sathyan Geld schicken kann, wird es Juli oder August werden …, und im Juni beginnt die Schule …«

Ich ertappte mich, wie auch ich tief durchschnaufte, so als könnte es mir helfen, die richtige Entscheidung zu treffen.

Für eine ganze Weile schwiegen wir. Ich konnte uns förmlich von oben betrachten, wie wir vor Damaindis Hütte standen, sie an einen Palmstamm gelehnt, ich einen Becher mit Kopi in der Hand, und über das Schicksal ihres gehbehinderten Sohnes berieten. Obwohl er nur in den Ferien bei seiner Familie in Papanasam Beach sein konnte, bedeutete es für ihn dennoch eine enorme Chance, von dem christlichen Kinderheim in dem vier Stunden entfernten Changanacherry zu wohnen. Nur die Ärmsten der Armen, behinderte Kinder mittelloser Familien, wurden aufgenommen. Dort erhielt er beste ärztliche Behandlung und die therapeutische Anleitung und Disziplinierung, an Krücken gehen zu lernen und in der Schule etwas zu lernen. Jedesmal, wenn ich ihn in all den Jahren in dem gepflegten Haus bei den Nonnen besuchte, rutschte er mir freudestrahlend auf dem Boden entgegen, und manchmal sang er mir mit seinen Freunden ein Lied vor. Auf meine Frage, ob er sich in dem Kinderheim wohl fühle und glücklich sei, antwortete er stets mit einem lächelnden Nicken. Für mich hatte es bislang keinen Grund zu zweifeln gegeben.

»Hätte Sathyan nur auf dich gehört und wäre nicht nach Saudi-Arabien gefahren!«, brach Damaindi die Stille. »Für seine Reise haben wir soviele Schulden aufnehmen müssen, hier hätte er wenigstens immer etwas verdient.« Sie schneuzte sich in den Lungizipfel, der schon völlig verkrumpelt war vom Tränenlöschen. Betroffen hörte ich ihr zu.

»Du hast es schon immer gesagt!«, setzte sie ihre Klage fort und blickte mich bestätigend an. Denn auch sie war nie so recht von der Idee ihres Mannes begeistert gewesen, daß er für zwei Jahre ins Ausland ging, mit der Hoffnung, dort etwas mehr Geld zu verdienen. Allein die Summe, die sie für Flugticket und Visum und für die Vermittlungsagentur aufbringen mußten, hatte den Rahmen ihrer finanziellen Realität in einem solchen Mißverhältnis gesprengt, daß ein Scheitern dieses Plans lebenslanges Schuldenabzahlen verhieß. Schließlich hatte es so kommen müssen: Als ungebildeter kleiner Tagelöhner hatte man ihn betrogen, die teuer vermittelte Arbeitsstelle in Saudi-Arabien existierte überhaupt nicht ...

Ich kannte die Familie bereits seit vielen Jahren und hatte ihr auch des öfteren schon aus der Patsche geholfen. Mein Zögern bedeutete nicht etwa der mangelnde Wunsch, diesmal wieder zu helfen. Ich wollte ihnen richtig helfen und sie vor allem darin unterstützen, ihr Leben selbstverantwortlich zu meistern. In Afrika hatte ich lange Zeit zuvor die Auswirkungen der Entwicklungshilfe ausgiebig beobachten können. Falsche Hilfe konnte durchaus den größeren Schaden anrichten!

»Was würde denn eine Rikscha täglich kosten?«, fragte ich.

»Zwanzig Rupien am Tag«, antwortete sie wie aus der Pistole geschossen. »Aber ich bekomme für meine Arbeit doch nur sechzig, und die brauche ich für Essen und Kleidung und die Schulsachen von Jeya und Chinnu, wie soll ich Sanil nach Hause holen, er muß doch in die Schule gehen ...«

»Das wären im Monat etwa vierhundert Rupien«, rechnete ich laut vor.

»Ja!«, seufzte sie und erzählte mir dann von einem Rikschafahrer aus dem Dorf, der es für diesen Preis machen würde.

»Wenn ich dir für zwei Monate aushelfe, würde das reichen, was meinst du?«, fragte ich und schaute ihr fest in die Augen. Sie sollte mir ehrlich sagen, was sie brauchte. Bisher hatte sie diese Freiheit nie ausgenutzt.

»Das genügt«, meinte sie und wirkte etwas zuversichtlicher, »spätestens im August wird das Geld von Sathyan kommen.«

Ich überlegte. Wenn ich ihr nun tausend Rupien in die Hand drückte, wäre diese Summe aufgrund ihres Mitgefühls nach ein paar Wochen weg, 'verliehen' an Nachbarn, Freunde und Verwandte, die schnell herausgefunden hätten, wie flüssig sie war.

»Habt ihr ein Konto bei der Bank?«, erkundigte ich mich.

»Ein Bankkonto?«, sie mußte lachen, doch ich entdeckte auch ein wenig Beschämung in ihren Augen. »Wir hatten noch nie ein Konto bei der Bank«, sagte sie in einem Ton, der deutlich machte, daß ein eigenes Konto in ihren Kreisen bestimmt nicht die Normalität war.

»Dann richten wir dir jetzt ein Bankkonto ein, und darauf zahle ich das Geld. Im Juni kannst du abheben, was du brauchst«, erklärte ich wie eine Mutter ihrem Kind. Nickend hörte sie mir zu, als erzählte ich ihr die schönste Geschichte.

»Aber erst im Juni!«, wiederholte ich mit dem Zeigefinger scherzend. Und sie lachte erlöst, wischte sich die letzte Träne weg und ging ins Haus. Ich folgte ihr.

»Du hast sicherlich Hunger!«, rief sie aus der Küche, »ich habe Fischcurry und Jackfruchtgemüse, das du so gerne magst...«

Da sagte ich nicht nein. Ich hockte mich auf die Schwelle zwischen Wohnraum und Küche und schaute ihr zu, wie sie an der offenen Feuerstelle blitzschnell ein Feuer entfacht hatte, um mein Essen zuzubereiten. Wir schwiegen, was angenehm war. Wir hatten wichtige Dinge besprochen und geklärt. Später saß ich im Wohnraum auf der Bodenmatte, vor mir die Leckereien aus Damaindis Händen und vor allem mein geliebtes Jackfruchtgemüse.

Die Jackfrucht gedeiht im feuchtwarmen Klima und reift nur einmal im Jahr zu einer bestimmten Zeit heran. In Kerala ist das um den März herum. Die ausgewachsene Frucht hängt wie ein stacheliges Unwesen am Urwaldbaum und kann bis zu fünfzehn Kilogramm und mehr schwer werden. Falls nun jemand ins Grübeln gerät und überlegt, wo er schon einmal Jackfrucht gegessen oder zumindest den Namen gehört hat, kann das ebenso in Thailand gewesen sein. Dort wird die Jackfrucht vorwiegend als Obst verzehrt, wohingegen die Inder meist die unreife Frucht verwenden und daraus eine Art grobes Püree kochen. Und aus den nußartigen Kernen und den Fasern machen sie Curry.

Am nächsten Morgen kam ich, wie mit Damaindi verabredet, zum Frühstück. Sie war bereits um fünf Uhr aufgestanden, um den Teig für die Dosha anzusetzen und den Sambar und das Kokosnußchutney vorzubereiten. Es sollte ein ganz besonderes Frühstück für mich sein. Das war ihre Bedingung an mich, damit sie meine Hilfe annahm. Wenn ich mich in Papanasam Beach aufhielt, war es mir ausdrücklich verboten, in einem 'Hotel' zu essen.

Diesmal hatte sie sogar Bananenblätter besorgt, auf denen sie mir das Frühstück servierte. Wenn Inder zu Hause Bananenblätter als Teller benutzen, ist etwas Festliches im Gange. Am ehesten findet man noch in einfachen traditionellen Eßlokalen diesen Brauch.

Ihre Töchter Jeya und Chinnu, die vierzehn und neun Jahre

alt waren, rauschten zu Prinzessinnen gestylt an mir vorbei, damit ihnen Damaindi die Haare machte. Der schmutzige Gemeinschaftskamm liegt immer irgendwo herum. Es ist der einzige in diesem Haushalt. Jeder benutzt ihn, auch Nachbarn und Verwandte, die zu Besuch kommen. Auch ich wurde damit schon gekämmt, wenn die Frauen beschlossen, mir eine indische Frisur zu verpassen.

Eine Nachbarin stürmte herein, in bester Sonntagsstimmung und in einen fröhlich leuchtenden gelben Sari gewickelt. Ich stellte mir vor, daß sie bestimmt auf einem Hochzeitsfest eingeladen war, weil sie sich so herausgeputzt hatte. Plaudernd saß sie neben Damaindi auf der Matte am Boden, und nachdem Jeya und Chinnu frisiert waren, brachte sie der Nachbarin einen Kopi.

Der süße Wasserkaffee, der aussieht wie Tee, ist der Kaffee der Armen. Der Kopi in einem Eßlokal oder an einem Straßenstand schmeckt natürlich viel besser. Er wird mit weniger Wasser und Zucker zubereitet, aber dafür mit mehr Milch und Kaffee. Unverständlicherweise zählen Milch und Kaffee zu den teuersten Nahrungsmitteln und gelten als absoluter Luxus, obwohl in Indien Kaffee angebaut wird und es auch viele Kühe gibt.

Die Nachbarin scheint es nicht eilig zu haben, auf ihr Hochzeitsfest zu kommen, dachte ich, während ich mein leer gegessenes Bananenblatt hinaustrug, um es hinter die Hütte unter den Jackfruchtbaum zu werfen. Wie immer sprang mir Jeya mit einem kleinen Wasserkrug zur Seite und assistierte mir beim Mundausspülen und Händewaschen. Sie umsorgte mich, als sei ich ihr Kind. Mit freundlicher Strenge bestand sie sogar darauf, daß ich mehrmals den Mund ausspülte und dann ein Paar Schlucke Wasser trank.

Zurück in der Hütte fiel mir ein weiterer Gast auf. Jeyas Freundin war gekommen, ebenfalls festlich gekleidet.

Vielleicht geht Jeyas Freundin auf eine Hochzeit? Ich hatte es gerade gedacht, als mir Damaindi einen zweiten Kopi brachte.

Mit einer freudigen Geste gab sie mir zu verstehen, daß sie sich nun stadtfein machen würde. Denn einen Lungi trug sie nur zu Hause oder zum Arbeiten. Sie wählte einen ihrer Festtagssaris aus und zog sich galant vor uns allen um. Geschickt wie alle Inderinnen, die es gewohnt sind, sich an den Wassertanks in aller Öffentlichkeit zu waschen, wechselte sie das bauchfreie knappe Oberteil, den Unterrock, zog den Lungi aus, wickelte sich den Sari um, und während dieser ganzen indischen Umziehprozedur gab sie kein Stückchen Haut preis, das man nicht hätte sehen dürfen. Sie hätte sich mitten auf dem Marktplatz umziehen können! Dann kämmte sie sich ihr schwarzes langes Haar, und ihr einziges Stylingmittel war Kokosnußöl. Sie band einen neuen Haarknoten, puderte das Gesicht weiß und kicherte immer wieder.

Eine spürbare Vorfreude hing im Raum. Es machte mich neugierig.

Sie sprachen Malayalam, davon verstand ich reichlich wenig. Obwohl ich bereits einen kleinen Wortschatz kenne, versagt mein Wiedererkennungsvermögen in dem Moment, da die Einwohner von Kerala anfangen, in ihrer gewohnten Geschwindigkeit miteinander zu sprechen. Sie schienen sich über etwas recht Lustiges zu unterhalten und aus welchem Grund auch immer in bester Stimmung zu sein. Soviel bekam ich mit.

Daß hier niemand vorhatte, auf ein Hochzeitsfest zu gehen, erfuhr ich erst später. Als letzte traf Anieti, eine jüngere Verwandte, ein. Sie war ebenso auffällig fein gemacht wie der Rest der kichernden Gesellschaft. Auch Anieti bekam einen Kopi und scheinbar sehr Lustiges zu hören, denn auf ihrem Gesicht breitete sich ein Dauerstrahlen aus.

Plötzlich war Aufbruch. Warum gerade in diesem Augenblick, war mir schleierhaft. Eben noch hatten sie gemütlich geplaudert, und auf einmal verließen wir das Haus in einer Eile, als müßten wir fliehen.

Natürlich, wir wollten ja zur Bank! Aber wollten uns alle begleiten? Jeya und Chinnu, die Nachbarin, Jeyas Freundin und Anieti?

Wir marschierten bis zur 'Junction' zu Fuß, und jedem, dem wir begegneten, wurde schon von weitem laut rufend mitgeteilt, daß wir auf dem Weg zur Bank seien. Wahrscheinlich auch, daß wir dort ein Konto einrichteten. Über den Festtagsaufzug schien sich niemand zu wundern.

Die 'Junction' ist die einzige Kreuzung des kleinen Ortes Papanasam Beach. Meistens steht gleich neben dem Wassertank unterhalb des Tempels der Bus, der in das zwei Kilometer entfernte Varkala fährt. Diesmal war der Platz leer, was meinen indischen Hofstaat geradezu in Aufruhr versetzte. Kurzerhand änderten sie ihren Plan und bestiegen laut schnatternd eine Rikscha, die eigentlich für drei Personen plus Fahrer konzipiert ist.

Kaum war die Rikscha mit den acht Personen Fracht, inklusive des Fahrers, die Schlängelstraße hinaufgekeucht, ließ Damaindi anhalten. Das aufgeregte Schnattern hob erneut an. Es wurde eifrig debattiert, als handle es sich hier um eine äußerst wichtige Angelegenheit.

Das Aussteigen war nicht einfach für Damaindi. Schließlich lief sie über die Straße und verschwand in der Toreinfahrt des Krankenhauses. Sie würde nur schnell jemanden im Krankenhaus besuchen, klärte man mich höflich auf. Sie sei sofort wieder zurück.

In den ärmeren Kreisen macht man nicht einmal eine Zeitangabe, sondern begnügt sich von vornherein mit der Ungewißheit.

Die Nachbarin und Anieti stiegen auch aus, weil sie einen halben Sitzplatz miteinander teilten, was auf die Dauer etwas unbequem wurde. Jeya saß auf meinem Schoß und Chinnu stand zwischen meinen Knien. Sie genoß den Fensterplatz. Vor der Rikscha wartend, traf die Nachbarin zufällig ein paar Frauen, die sie kannte. Neugierige Augen schauten herein und begutachteten mich. Aus dem unentwegten Geplapper fischte ich mehrmals das Wort 'Bank' heraus. Und auf einmal dämmerte es mir: Sie alle hatten sich so fein gemacht, um Damaindi und mich zur Bank zu begleiten. Als sei dies ein Ausflug zum Jahrmarkt!

Damaindi kam nach etwa zehn Minuten zurück, und die Fahrt ging weiter. Der Rikschamotor krächzte erbärmlich wegen der Steigung. Ich hatte das Gefühl, eine Sardine in der Dose zu sein. Um mich herum waren nur Haare, Gesichter und flatternde Sariendet, hinaussehen konnte ich nicht. Aber die Stimmung war bestens.

Vor der Bank an der großen Kreuzung von Varkala stiegen wir aus, und der Fahrer wurde entlassen. Das Geschnatter verstummte augenblicklich, als wir uns dem Eingang näherten, und im Gänsemarsch zogen wir in die Schalterhalle ein, die nicht wirklich eine Halle war, sondern eher ein größerer Raum.

Meine Augen entwischten und schwebten zur Decke hinauf. Von dort blickte ich auf den eigentümlichen Festzug hinab, der von einer Person angeführt wurde, die so gar nicht hineinpaßte und eine weiße Hautfarbe hatte. Eine Vela Pata!

Ich steuerte den Informationsschalter an und hatte schon nach kurzer Wartezeit die Gelegenheit, mich nach den Formalitäten zur Eröffnung eines Bankkontos für Damaindi zu erkundigen.

Dazu benötige man ein Paßfoto, hieß es. Keine meiner Begleiterinnen hatte davon auch nur etwas geahnt. Verständlich, da ja keine ein Bankkonto besaß!

Nicht weit entfernt gab es ein Fotostudio. Wieder im Gänsemarsch, doch diesmal entspannter, spazierten wir die vielbefahrene Hauptstraße entlang, eingenebelt von den Abgasen und der ständigen Gefahr ausgesetzt, überfahren zu werden. Gehsteige sind in Indien zum großen Teil unbekannt, und Verkehrsampeln findet man so selten, daß ein Inder, wenn er einmal welche gesehen hat, davon berichtet wie von einer Sensation.

Unter den Verkehrsteilnehmern hat der Fußgänger den geringsten Wert. Hier wirken noch Darwins Ideen. Die Busse sind demnach die mächtigsten im Vorrecht und die absoluten 'Kings of the Roads'!

Der Fußmarsch dauerte nicht lange. Das Fotostudio befand sich im ersten Stock. Eine steile schmale Treppe führte vom Fotoladen im Erdgeschoß hinauf. Während meine Freundinnen vor lauter Ehrfurcht nun keinen Mucks mehr von sich gaben und andächtig das Studio betraten, konnte ich mir beim ersten Anblick das Lachen nicht verkneifen. Ein indisches Fotostudio kann wirklich sehr komisch anmuten! Vollgestopft mit Dekorationsgegenständen bildete es ein Sammelsurium von Kitschkulissen. Es standen auch jene Utensilien herum, die eben in jedem Fotostudio stehen müssen: Lampen, dazu der Reflektionsschirm, eine Kamera auf einem Stativ ...

An einer Wand bot etwa ein halber Meter Fläche Platz für einen Spiegel mit einem kleinen Tischchen und einem Hocker davor. Die Garderobe.

Unsicher betrachtete sich Damaindi in dem großen Spiegel. Vielleicht hat sie sich noch nie in einem so großen Spiegel betrachtet, huschte mir der Gedanke durch den Kopf. Die Nachbarin half ihr, die Drapierung des Saris zu richten, die Frisur, das Gesicht. Die vier jungen Mädchen indessen hatten sich vor der exotischen Kulisse aufgebaut: eine Alpenidylle mit einem efeubemalten Torbogen aus Pappmache im Ziegelsteinmuster! Ein glücklicher Ausdruck legte sich über ihre Gesichter, als ich ein Foto von ihnen machte.

Der Fotograf wehte nun herein und versprühte eine hektische Wichtigkeit, als käme er soeben direkt aus Hollywood und sei daher überbeschäftigt, ja völlig ausgebucht. Er benahm sich so cool und lässig, wie er sich halt die Großen der weiten Welt vorstellte. Wahrscheinlich hatte er nie welche gesehen, außer in den Filmen des Samstagabend-Kinos. Und was tat er hier? Eine arme Frau fotografieren, die ein Paßfoto für ihr erstes Bankkonto braucht! Das alles zusammen bot eine komödienreife Darbietung.

Damaindi mußte auf einem Hocker in der Mitte des Raumes Platz nehmen. Sie wurde angewiesen, wie sie sich hinsetzen und wohin sie blicken sollte. Fast tat sie mir leid, weil sie so ernst dreinschaute, gerade wie ein schüchternes Kind, das zum ersten Mal in seinem Leben in einem Fotostudio von einem wildfremden Menschen fotografiert wird.

Als ich unten im Fotoladen bezahlte, wurde mir klar, daß sich Damaindi gar kein Bankkonto hätte leisten können. Allein das Paßfoto, das dazu nötig war, hätte ihren ganzen Tageslohn verschlungen.

Nach einer Stunde könnten wir das Foto abholen, wurde uns mitgeteilt. Die Wartezeit vertrieben wir damit, eine Bäckerei aufzusuchen, wo wir Kuchen aßen und Pepsi tranken. Das machte zwei weitere Tageslöhne. Aber das war heute kein Problem, denn ich war ja dabei und bezahlte.

Im Gänsemarsch ging es zurück zum Fotostudio. Neugierig nahm Damaindi das Foto in Empfang, ihr erstes Paßfoto. Nachdem es jede der Frauen eingehend studiert und für gut befunden hatte, gingen wir zurück zur Bank.

Mit indischer Umständlichkeit wurden die Formalitäten erledigt. Am Ende dieser langen bürokratischen Kette saßen wir in den Schalensitzen vor dem Schalter und warteten auf Damaindi's erstes Bankkonto-Buch mit eintausend Rupien.

Sie saß neben mir. Wir schwiegen. Es gab jetzt nichts zu reden. Ich empfand eine eigenartige Stille inmitten des Banktrubels. Plötzlich griff Damaindi nach meiner Hand und hielt sie fest. Vielleicht empfand sie eine ähnliche Stille. Sie sagte nichts, schaute mich nur an.

Dann sah ich, wie Tränen über ihre Wangen liefen. Ich hatte keine Gedanken mehr, vergaß das Bankgetriebe und alles um mich herum, legte meine andere Hand auf unsere beiden und schaute in ihre sprechenden Augen. Tränen flossen nun auch aus mir heraus, still und leise.

Ein glücklicher Moment von Ewigkeit.

Irgendwann lächelten wir, nahmen auf einmal das Bankgetriebe wieder wahr und die verwunderten Blicke, die uns von den Bankbesuchern zugeworfen wurden. Auch unsere Begleiterinnen staunten uns an, und ihre fragenden Augen amüsierten uns. Mit tränennassen Gesichtern lachten wir zurück, und unsere Hände hielten sich fest.

Shopping in Alleppey

Es war Montag. Irgendwann im Februar, am Ende des alten Jahrtausends in Südindien; genauer gesagt in Alleppey, einst verträumtes Städtchen mit dem Kosenamen 'Venedig des Ostens', das heute ganz andere Träume träumt.

Ich wollte Stoffe kaufen, für Astrids Blusenkollektion. Vielleicht ließe sich auch für mich etwas Passendes finden, so hoffte ich und stellte mir einen schönen Sari vor, aus dem ich einen ausgefallenen Sommeranzug schneidern könnte …

Nach dem Frühstück im Indian Coffee House bin ich blank, vielleicht sind noch umgerechnet fünfzig Pfennige übrig. Aber nicht, weil ich so teuer gefrühstückt hatte; das ist im Indian Coffee House gar nicht möglich, selbst dann nicht, wenn man Guinness-Qualitäten besitzt. Nein, der Grund der momentanen Pleite in meinem Geldbeutel war lediglich meine Faulheit, mich rechtzeitig um den Tausch von D-Mark in Rupien zu kümmern. Und diese Nachlässigkeit war nicht unbegründet. Denn die zeitraubende bürokratische Umständlichkeit des Geldwechseln, in einer Kultur, wo die rechte Hemisphäre regiert, wirkt im Vorfeld bereits so abschreckend auf das westliche Gemüt, daß man als Indienreisender den Bankbesuch bis zum letzten Paisa hinauszögert. Dabei - hat man sich dann endlich überwunden - sorgt es doch immer wieder für originelle und herzerfrischende Unterhaltung: Das Geldwechseln! Was für ein Vergnügen, wenn man sein halbes Leben nach Indien gereist ist und ausreichend geübt hat, das Chaos der anderen und die Dramen von einem selbst mit Humor zu bewältigen!

Im ersten Stock der Bank, wo es ruhiger und in jeder Beziehung kühler zugeht, sitzt man bequem in einem Stuhl vor dem Schreibtisch, an dem die Bearbeitung des gewünschten Geldumtausches seinen Anfang nimmt. Nein, man muß sich nicht die

Füße wund stehen vor den überfüllten Schaltern, denn das Eintauschen fremder Währungen findet immer eine Etage höher statt, fern der drängelnden Massen, in diskreter Abgeschiedenheit.

Der Bankmanager persönlich nimmt meine zwei Einhundertmark-Scheine in Empfang. Er dreht und wendet das kostbare Papier, währenddessen er mit einem Angestellten eifrig etwas bespricht und zugleich zwischendurch telefoniert. Es ist bemerkenswert, wieviel er gleichzeitig tun kann, ohne genervt zu sein, weil es ihm vielleicht zuviel werden könnte. Allzeit freundlich lächelnd und zuvorkommend! Er dreht und wendet meine zwei Einhundertmark-Scheine nicht deshalb so lange zwischen seinen Fingern, weil er etwa mißtrauisch ist! Es scheint ihm eher ein gutes Gefühl zu geben, solch eine Summe von umgerechnet viertausend Rupien in den Händen zu halten. Kann sein, daß dieser Betrag sogar sein monatliches Gehalt übersteigt.

Mit einem Füllfederhalter, den er aus seiner Hemdbrusttasche herausholt, und konzentrierter Miene füllt er dann die Formulare aus, die zum Geldwechseln nötig sind. Unsichtbare Elemente schweben über seiner Tat, machtvolle Partikel eines wichtigen Ereignisses. Plötzlich erscheint mir alles so klar: Es sind die Elemente, die dem Leben erst einen Sinn geben! - Ich weiß das noch nicht so lange. - Sie verleihen einer Tat die Qualität des Rituals! Nur so kann sich ein Mensch mit Herz und Verstand erst voll und ganz zum Universum dazugehörig fühlen. Was sonst verbirgt sich hinter seiner Sehnsucht? Die Kluft der Polarität überwinden! Materie! Geist! Letztendlich ist es doch nur das eine, was er will und braucht: Ein Teil des Ganzen sein! Mag darin das Geheimnis des irdischen Glücks verborgen liegen ...

Nachdem alle Formulare mit meinem Namen und sämtlichen Daten meines Reisepasses ausgefüllt sind, und ich bereits das glückliche Ende des Tauschrituals nahen sehe, kommt einer der Angestellten zurück. Mit einem Ausdruck im Gesicht, der mir gar nicht gefällt, zeigt er dem Bankmanager ein maschinen-

beschriebenes DIN-A-4 Blatt, das auf einmal Unruhe verbreitet. Es wird an zwei Apparaten gleichzeitig telefoniert, ein anderer Angestellter hinzugezogen, der kopfschüttelnd das Blatt Papier studiert, noch einer schlendert betelkauend vorbei und bleibt nicht mal stehen, während er mit dem verschlafenen Blick des absoluten Wissens seine Kommentare in die ratschlagende Runde wirft.

Auch ich werde jetzt unruhig, dieses ganze Schauspiel sieht mir gar nicht mehr nach einem glücklichen Ende aus. »Sorry, Madam!«, höre ich den Bankmanager mit seiner Entschuldigung beginnen und erfahre, daß er meine zweihundert Mark leider nicht wechseln könne, weil er noch keinen aktuellen Wechselkurs erhalten hatte, und die vorhandene Liste sei von letzter Woche. Er spricht Indian-Bankmanager-English, was die Verständigung mühsam macht. Irgendetwas sei mit dem Computer gerade nicht in Ordnung, höre ich aus seinen Erklärungen heraus, und per Telefon würden sie nicht durchkommen.

Mit dem Rat, die Main Branch am westlichen Ende von Alleppey aufzusuchen, trete ich auf die belebte Straße hinaus und entdecke sofort eine Rikscha. »...Main Branch near seaside!«, rufe ich dem beedirauchenden Fahrer zu, er nickt, ich steige ein, und er braust los. Der Motor knattert so laut, wie wir als Kinder immer gerne geschrien hätten. Der Fahrtwind bläst mich kühlend an. Der bunte Trubel flitzt an mir vorbei. Ich denke: Dann sehe ich wenigstens das Meer heute!

Die Main Branch hat noch einen weiteren Augenschmaus zu bieten: Sie residiert in einem schönen alten Kolonialgebäude, umwiegt von hohen Kokosnußpalmen. Der Anblick wird vertont von dem fernen Meeresrauschen und dem allgegenwärtigen Krähengeschrei. Ich fühle mich belohnt, wie Alice im Wunderland, und gebe dem Rikschafahrer ein Trinkgeld. Bevor ich das antike Gebäude betrete, läßt sich ein wehmütiger Seufzer nicht unterdrücken ... Es gehört in Alleppey inzwischen nicht nur zum

Schick, mit modernen Neubauten die optische Stimmung zu verdüstern, sondern dafür auch die Schmuckstücke der Vergangenheit zu opfern! Worte wie Pflege und Renovierung werden selbstgefällig belächelt, sind sie doch gegenwärtig völlig aus der Mode gekommen.

Solch ein Anblick wird immer mehr zur Rarität, vermute ich und beschließe, nicht mehr daran zu denken.

Mein geschulter Blick als ausländische Geldwechsel-Expertin hat sofort die Räumlichkeit des 'Groundfloors' erfaßt. Zielstrebig steuere ich auf die breite ausgetretene Holztreppe zu, die mich in den ersten Stock führt, wo mich ein freundlich wispernder Bankangestellter in Empfang nimmt, als sei er nur dazu da, auf mich zu warten. Ich nehme ihn kaum wahr, denn meine Augen baden in der stimmungsvollen Atmosphäre, die mich umgibt. Die rundherum ununterbrochene alte Fensterreihe macht dem Licht von draußen Platz, sonnig hereinzufluten … Während mich der Angestellte an etlichen Schreibtischen vorbei geleitet, folge ich ihm blind, ganz vereinnahmt von den hellen Fenstern und den Palmen, dem Strand und dem Meer. Ich finde mich am anderen Ende wieder vor einem langen Schreibtisch, der von zwei Bankangestellten besetzt ist. Nachdem ich mein Anliegen vorgetragen habe, bewegen sich ihre Köpfe in jener Art, die ich bereits zu deuten gelernt habe: Solche Gesten verheißen nichts Positives! Was? Hier kann ich meine zweihundert Mark auch nicht wechseln?! Im ersten Moment glaube ich schon, ganz Alleppey sei verhext. Doch dann beugt sich der eine Angestellte vom linken Schreibtischflügel vor und sagt: »Sorry Madam, we change only US-Dollar!«

Fast kommt es mir wie ein Wunder vor, daß ich noch einige Dollars in meiner Tasche finde. Ich hatte mich schon stundenlang mit dem Zug in die nächste große Stadt fahren sehen. Nur um ein bißchen Geld einzutauschen!

Ich darf mich setzen, man nimmt sich meines Passes und meiner letzten Dollarnoten an. Untätig sitze ich da und warte, und weil es unter der Glasplatte auf dem Schreibtisch vor mir so bunt zugeht, fange ich an, die Bilder eingehend zu betrachten. Geldscheine aus aller Welt sind hier versammelt, aus Afrika, Europa, Australien, Amerika ..., und mittendrin entdecke ich einen feinsäuberlich bedruckten Zettel mit dem Wechselkurs des Euro!

Ich muß lachen und bin schon versucht zu fragen, was es damit auf sich hat, da hier doch nur US-Dollar gewechselt werden, sehe die beiden aber dann in solche Konzentration verstrickt, daß ich lieber nicht stören möchte. Der Angestellte am linken Schreibtischflügel prüft eingehend meine Dollarscheine und zählt sie zur mehrmaligen Sicherheit durch, vermerkt die Zahl auf der Ecke des Formulars und ordnet die Scheine nach ihrem Wert: Zweimal 1 US-Dollar, einmal 5, viermal 20 und einmal 100 US-Dollar! Das ergibt acht Scheine. Schließlich hält er es für unbedingt notwendig, die lange Nummer jedes einzelnen Scheins auf das Formular aufzulisten. Der Angestellte auf der rechten Seite hat bereits den Computer angeworfen. Da er an der rückwärtigen Wand untergebracht ist, habe ich einen hervorragenden Blick auf den Bildschirm. Ich kann bequem mitverfolgen, was sich dort abspielt. Der Computer führt erst einmal seitenweise eine wirre Folge von Buchstaben vor, bis endlich Klarheit auf dem Bildschirm herrscht, und er nach dem Namen des Sachbearbeiters fragt. Der tippt umgehend: RKK! Daraufhin verlangt der Computer das Codewort: Enter with code! Der Angestellte tippt auf verschiedene Buchstabentasten, aber auf der Bildfläche erscheinen nur Querbalken. Wahrscheinlich ist das Codewort streng geheim, denke ich und verfolge mit Spannung, was weiter passiert. Ein neuer Text gibt bekannt, daß das Codewort nicht mehr existiert: The code is expired! Enter with new code! Wieder tippt der Angestellte mit routiniertem Tastenschlag, was erneut nur Striche hervorbringt. Doch dann antwortet der Computer, daß das neue Codewort zu kurz sei: The new code is too short! Wieder tippt der Angestellte, scheinbar etwas anderes als zuvor, denn nun heißt es: Re-enter with new code! Tippen ... tippen ... tippen ... Das geht eine Weile so hin und her.

Da ich nichts von Computern verstehe, habe ich auch keine Ahnung, ob dies eine Vorstellung des indienspezifischen Computerwahnsinns ist oder des globalen schlechthin. Der Angestellte zeigt keine Emotionen, bleibt gelassen, als sei das alles völlig normal. Womöglich ist das ja auch vollkommen normal, überlege ich. Aber warum muß es so umständlich sein und warum diese strenge Geheimhaltung? Es handelt sich doch nur um einhundertsiebenundachtzig Dollar!

Plötzlich scheint es weiter zu gehen, der Computer stellt eine neue Variante seiner Forderungen: Re-enter with old code and with new code! Beinahe hätte ich laut losgelacht. Zur Sicherheit des Wechseldokuments ist auch noch ein kleines Verwirrungsspiel eingebaut? Auch diese Phase will öfters wiederholt werden, da der Angestellte altes und neues Codewort und ebenso in getrennter Reihenfolge eingeben muß. Dann endlich öffnet der Computer seine Pforten zum Moneychange-Formular, das weder meinen Namen noch meine Paßnummer wissen will. Nein, jetzt ist der Computer ganz bescheiden. Er fragt lediglich nach der Währung und dem Betrag, nach dem dazugehörigen Wechselkurs und der daraus resultierenden Summe. Das ist alles. Nach dem Eintippen werden die vier Posten mit sämtlichen Geheimcodes versehen wieder verschlossen. Ich bekomme davon nicht einmal einen Ausdruck.

Stattdessen drückt mir der Bankmanager mit dem Lächeln höchster Befriedigung eine alte Messingmünze in die Hand, und auch der Angestellte am Computer nickt mir freundlich zu. Die schwere Münze hat ein Loch in der Mitte, und auf dem breiten Rand steht eine Zahl. Im ersten Moment bin ich etwas verdutzt und weiß für eine Sekunde nicht, wo ich bin und was ich hier soll. Von der umständlichen Welt des Computers ganz vereinnahmt kann ich nur schleppend dem krassen Übergang folgen, plötzlich etwas Greifbares in den Händen zu halten. Natürlich weiß ich sofort wieder, daß ich mit dieser Messingmünze am Kassenschalter im Erdgeschoß mein gewechseltes Geld und meinen Reisepaß ausgehändigt bekomme. Und während ich die ausgetretene Holztreppe des lichtdurchfluteten alten Kolonialgebäudes hinunterschreite, erreicht es mich wie eine neue Einsicht, welches Glück ich habe, jetzt zu leben und nicht in der supermodernen Zukunft.

Vor dem vielbesuchten Kassenschalter im Erdgeschoß verfliegt die Wartezeit im Nu. Man kann die Leute beobachten und ihrer schlauen Route folgen, wenn sie mit Unschuldsmienen an den anderen vorbeidrängeln. Niemand beschwert sich darüber, sie machen es ja alle so.

Ich betrachte die Messingmünze in meiner Hand und frage mich: Wozu dient eigentlich das Loch in der Mitte? Das runde Nichts!

Ich habe nie jemanden danach gefragt. Warum eigentlich nicht? Dann fällt mir ein, es ist wahrscheinlich aussichtslos, eine befriedigende Antwort von einem Bankangestellten zu erhalten. Wozu auch immer alles wissen wollen? So kann ich mir weiterhin die Zeit damit vertreiben, über den Sinn des rund ausgeschnittenen Nichts in der Mitte der Münze nachzusinnen, solange es nichts anderes zu tun gibt.

Die Münze wirkt beinahe antik. Sie trägt die Nummer 31. Das ergibt die Quersumme 4. Zahl der vier Elemente! Der Materie! Was könnten wohl die Zahlen in Bezug zu dieser Situation bedeuten, grüble ich zum reinen Zeitvertreib. Es gibt viele Möglichkeiten, sich auf unterhaltsame Weise die Zeit vor den Bankschaltern zu vertreiben.

Ja, es gibt viel zu tun, wenn man nichts zu tun hat!

Der Kassenschalter ist rundum eingegittert. Dahinter sitzt der Mann, der zweimal mein Geld zählt. Es wird mir dann im Aus-

tausch mit der Messingmünze mit dem Loch in der Mitte und der Zahl 31 ausgehändigt. Diesmal ausnahmsweise ohne 'Receipt'!

Was ist nur los heute? Normalerweise wird man geradezu genötigt, den ganzen Papierkram von Quittungsbelegen im Überformat mitzunehmen. Obwohl man damit nichts anderes machen kann, als bei der nächsten Gelegenheit wegzuwerfen, lasse ich mir zum ersten Mal eine Quittung extra ausstellen! Als wollte ich meinen Aufenthalt auf der Bank hinauszögern. Was ist nur los mit mir? Normalerweise rege ich mich doch nur darüber auf.

Während ich auf die Quittung warte und gedankenverloren den Käfig des Kassenschalters betrachte, denke ich: Was für ein windiger Gitterkasten! Und dann: Ein Überfall mit einem Schwert wäre hier nicht empfehlenswert, mit einer Knarre dagegen kein Problem ...

Glauben die Inder etwa, eine Bank werde heutzutage mit einem Schwert überfallen? Unwillkürlich stelle ich mir diese ungewöhnliche Szene vor, die schnell an Eigendynamik gewinnt und sich lebhaft vor meinen Augen ausbreitet: Drei indische Bankräuber in hochgekrempelten Lungis dreschen wild mit ihren Schwertern auf den Gitterkasten ein, in dem der Schalterbeamter ängstlich von einer Ecke in die andere hüpft, um vor den Hieben auszuweichen; Schutz suchend flieht er unter den kleinen Kassentisch, hinaus kann er nämlich nicht, weil er den Käfig von innen verriegelt hat...

Ich muß lachen, höre förmlich, wie die Bankräuber fluchen... Plötzlich fällt mir wieder ein, daß ich ja vor dem eingegitterten Schalter stehe und auf meine extra ausgestellte Quittung warte. Ich spüre, wie mein Gesicht ein einziges Grinsen ist. Das Warten auf die Quittung ist überhaupt nicht langweilig. Wer überfällt heute schon eine Bank mit einem Schwert. Aber warum dann der Gitterkasten?

Mit dem nötigen Kleingeld in der Tasche kann ich mich endlich meinem Stoffeinkauf widmen. Ich bin auf der Suche nach

Seidenchiffon oder Seidencrêpe. Astrids Blusen sollen von transparenter Art sein. Es gibt etliche sogenannte Stoffgaragen in Alleppey und etwa drei passable Stoffgeschäfte. Im ersten Stoffladen werde ich mit einem »Please follow!« nach oben geführt, durch eine Glastür, auf der steht ‘Pull‘. Die Verkäuferin ‘pushed‘, stößt also die Tür auf, anstatt sie aufzuziehen wie angegeben, doch keine Frage, daß dies hier ebenso funktioniert.

Ich verabschiede mich schnell wieder, da es dort nur geschmackloses schrilles Synthetikgewebe gibt.

In einem anderen Stoffladen werde ich von einer vierköpfigen Verkäufercrew bedient. Vier! Schon wieder die Zahl der vier Elemente. Der Reflex eines flüchtigen Gedankens erinnert mich an die Messingmünze in der Bank. Mehr Zeit bleibt mir nicht für weitere Überlegungen, denn schon umkreisen mich die vier Verkäufer mit Stoffballen und fallen unermüdlich über die Stoffregale her, um weitere Ballen, einen nach dem anderen, herauszuzerren.

Obwohl ich ausdrücklich nach Seide verlangt hatte, werden mir nur Synthetikstoffe vorgelegt! Der älteste von den Verkäufern übertrifft sogar die ungeschickte Wahl seiner Kollegen und fischt instinktiv die geschmacklosesten Stoffe heraus, die mir je vor die Augen gekommen waren. Alles ist aus Synthetik und Polyester! Mein Flehen nach ‘Silk‘ vermag ihren Eifer nicht zu stoppen. Mit mechanischer Tüchtigkeit fahren sie fort, meinen Wunsch kopfwackelnd zu ignorieren und meine Geschmacksnerven zu strapazieren.

Hier werde ich nicht fündig, beschließe ich und lächle freundlich zum Abschied. Zum Trost muß ich sie vor dem synthetischen Stoffberg fotografieren. Fachmännisch grinsen sie in die Kamera. Anschließend kritzeln sie ihre Namen auf eine Visitenkarte des Geschäfts und bitten mich, vier Kopien zu schicken. Scheinbar kommt hier nicht alle Tage ein Tourist mit einem Fotoapparat vorbei.

Im soundsovielten Stoffladen, dem angeblich besten der Stadt, wird es erst richtig lustig. Ein halbes Dutzend Verkäufer bedient mich gleichzeitig und abwechselnd. Ähnlich wie in den vorangegangenen Stoffläden führt man mich sachkundig durch das reiche Repertoire des häßlichen Polyesterangebots. Daß ich ständig »Silk!« oder »Silkchiffon!« sage, tut in ihren Ohren keine Wirkung. Die trendsettenden Händler hatten volle Arbeit geleistet und die Stadt komplett mit Kunstfasern verseucht! Die Stoffballen türmen sich vor meinen Augen. Ich stelle mich absichtlich ein wenig dumm in der Hoffnung, meinem Ziel mit dieser Strategie etwas näher zu kommen, und frage: »Ist das Seide?« Daraufhin erhalte ich die mehrstimmige Antwort: »Chiffon! Madam!«

»Nein, nein«, lache ich höflich, »ich möchte wissen, welches Material das ist.« Natürlich versuche ich mich in Englischer Sprache begreiflich zu machen, was allem Anschein nach völlig egal ist. Denn die darauffolgende Antwort der Verkäufercrew »Twentynine Rupia!« und das unschuldige Wackeln mit den Köpfen geben offenkundig preis, daß mich hier keiner versteht.

Erst als ich eine Brennprobe vor ihren Augen demonstriere, werden sie geständig. Ja, ja, nicken sie nervös, das sei zwar Polyester, aber Chiffon!

»Polyesterchiffon! Madam, nice material!«

Dann wird mir ein neuer Ballen mit dem bestätigenden Nikken aller Umstehenden präsentiert: »Pure Cotton!«

Das soll ich glauben? Die Wahrheit ist groß und deutlich auf den Rand gedruckt: ‘Cotton 61%, Polyester 39%‘! Vielleicht sind sie Analphabeten und können überhaupt nicht lesen, überlege ich wohlwollend und deute auf die Botschaft auf dem Stoffrand. Das sei nur »Filling!«, klärt man mich auf, was immer das heißen mag. Dennoch beharren sie auf »Pure Cotton!« Und was mit den 39% Polyester sei, will ich wissen. »Filling only!«

So kam ich nicht weiter.

Schließlich entdecke ich etwas, das aussieht wie Seide: dünn,

teuer und schillernd dunkelgrün. Der erste Verkäufer setzt ein fachkundiges Lächeln auf und klärt mich auf: »Cotton!« Plötzlich färbt sich seine Miene ernst, als ginge es hier um eine Geheimwissenschaft, und haucht er mir ins Ohr: »Handloom! Madam.«

Ja, es sieht wirklich handgewebt aus, mit anschließender starker Plättung.

Doch schon mischt sich ein zweiter Langer ein und behauptet mit chinesischer Höflichkeit: »Silk! Madam.«

Ein Dritter wirbelt geschäftig vorbei, und sofort wittere ich die Chance, endlich jemanden zu finden, der sich wirklich auskennt. »Is this cotton?«, frage ich händeringend. Er wirft einen flüchtigen Blick auf das Material und mit einem »One minute, Madam!« wirbelt er weiter. Der Lange indessen lächelt milde und setzt mit zurückhaltender Hauchstimme unsere Konversation fort: »No, Madam, it is silk!« Dabei schaut er den kleinstämmigen ersten Verkäufer fassungslos an, weil dieser ihm fast ins Wort platzt: »No, no! Cotton-Handloom!« Energisch schüttelt er den Kopf, so wie wir es tun, wenn wir angesichts des Irrtums eines anderen von unserer Meinung absolut überzeugt sind und dies mit dem wohlbekannten ziemlich leichtfertigen Spruch kundtun: Ich lasse mir beide Hände abhacken!

Ein Vierter gesellt sich hinzu und meint gelassen: »Half silk, half cotton!« Ich muß lachen, der Lange auch. Er ist peinlich berührt von der Unwissenheit seiner Kollegen und gleichzeitig höchst amüsiert über die nette Szene. »It is silk!«, sagt er zu mir, so leise, als beabsichtige er, daß niemand sonst es hören kann. Der Dritte kommt zurückgewirbelt und hat nun etwas mehr Zeit. Murmelnd studiert er das umstrittene Material, das ein Chaos von Stimmengewirr verursacht: »...pure silk! No, no... Cotton-Handloom! ...half silk! Half cotton! ...cotton! No ...pure cotton! ...filling only! ...«

Der Dritte hat nur noch mehr Verwirrung gestiftet.

Ich nehme zwanzig Zentimeter, um es einmal zu waschen und

dann zu schauen, was damit passiert. Kaum habe ich jedoch mein Vorhaben kundgetan, schauen mich die Gesichter mit Bestürzung an und geben in mehreren Tonlagen ihre Warnungen ab: »Only dry clean, Madam! You can not wash! ...dry clean only!«

Ein Fünfter tritt nun in Erscheinung. Als sei auch er Mitglied eines geheimwissenschaftlichen Zirkels, nuschelt er mir verschwörerisch ins Ohr: »First time dry clean, Madam, then washing!«

Das neue Thema entfacht eine heiße Diskussion, die noch anhält, während ich die zwanzig Zentimeter undefinierbaren grünen Stoffs bezahle. Die Kakophonie der indischen Stoffexperten hinter meinem Rücken hebt mich in beste Stimmung. Manchmal steigert sich der Lärmpegel in derart bedrohliche Bereiche, daß man meinen könnte, es ginge um Leben oder Tod. Am Ende ist die gesamte Verkäufercrew in drei Gruppen gespalten. Die einen behaupten »auf keinen Fall naß waschen«, die anderen meinen »warum eigentlich nicht«, und der Rest verbindet beide Meinungen zu neuer Einheit und sagt: »Zuerst Trockenreinigung, dann waschen möglich.«

So schließt sich der Kreis. Oder gäbe es da noch eine vierte Möglichkeit? Zurück im Hotelzimmer wasche ich den Stoff. Nichts Schlimmes geschieht. Der 'Half-cotton-half-silk'-Stoff oder was auch immer für eine Zusammensetzung läßt sich wunderbar waschen. Obendrein sieht die verkrumpelte Oberfläche nach dem Trocknen sogar noch interessanter aus.

Trotzdem gehe ich nicht mehr zurück in den Laden, um eine größere Menge für Astrids Blusenkollektion zu kaufen.

Warum nicht? Der Stoff kratzt!

One Minute II.

Wie lange bin ich nicht mehr hier gewesen? An dem von den Massen noch nicht entdeckten Fischerstrand.

In Minuten umgerechnet wären das etwa eine halbe Million Minuten! Eine unvorstellbare Zahl. Und dann doch wenig für ein ganzes Jahr …

Die ersten Tage sind immer aufregend, bis man jedem wieder Guten Tag gesagt hat und dabei erfährt, was sich Neues ereignet hat.

Kaum habe ich es mir mit meiner vielgereisten Schreibmaschine 'Traveller de Luxe' auf Shajahans Flachdach an einem der Tische bequem gemacht, spaziert Prabha, der AyurVeda-Masseur des Strandes, freudig nach oben winkend durch die Toreinfahrt in den Hof. Daß er kurz nach meinem Eintreffen schon zur Begrüßung kommt, ist Ehrensache, wir haben bereits einige Geschichten miteinander erlebt. Dann steht er neben meinem Tisch und strahlt mich an. »Mandi!«, ruft er aus und streckt mir zum Gruß seine Hände entgegen. »Du bist wieder da?!«

»Ja!«, lache ich zurück, »fast ein Jahr war ich nicht mehr hier.«

»Wie geht es dir?«, fragt er und deutet neugierig auf meine Schreibmaschine. »Was macht das Buch?«

In diesem Moment kommt Shajahan mit einem Touristen die Treppe herauf und winkt Prabha zu sich her. Offensichtlich ist dieser ältere Herr an einer AyurVeda-Massage interessiert.

Prabha wechselt augenblicklich die Stimmung, und mit einem dramatischen Gesichtsausdruck, als müsse er nun dringend zum Präsidenten in den Palast, sagt er entschuldigend: »One minute!« Damit dreht er sich um und eilt dem hinteren Teil der Dachterrasse zu, wo Shajahan und der Europäer vor der Massage-Hütte auf ihn warten.

Ich beobachte, wie sie miteinander reden, dann verschwindet Prabha mit dem Mann in dem Blätterverschlag mit der Aufschrift 'AyurVeda-Massage Center', und Shajahan geht wieder nach unten zu seinem Milchtee.

Ich versinke für einen Moment in dem Anblick der Massage-Hütte und denke: 'Wie heiß mag es wohl da drin sein?' Dann widme ich mich wieder dem Schreiben und vergesse Prabha.

Da ich mit dem Rücken zur Massage-Hütte sitze, bemerke ich nicht, als er mit der Behandlung fertig ist und mit seinem Kunden das Dach verläßt. Und da ich zwecks des besseren Ausblicks auf den Sonnenuntergang mittlerweile den Tisch gewechselt habe, sehe ich auch nicht, wie Prabha aus dem Hof spaziert und nach Hause geht.

Danach verstreichen drei Tage, bis ich Prabha wiedersehe.

»One minute!«

Emanzipation auf indisch

Am Stadtrand von Changanacherry steht das Kloster von Thangamanti. Sie und ihre 26 Nonnen nennen sich schlicht 'Dienerinnen der heiligen Maria'. Sie tragen keine Einheitstracht, wie das sonst auch in indischen Klöstern üblich ist, sondern individuelle Saris in hellen Farben. Auf der Straße würde man sie nie für Nonnen halten.

Bei unserem ersten Gespräch in ihrem von Jesus- und Marienbildern geschmückten Wohnzimmer wurde mir klar, daß Thangamanti zweifelsohne zu den ungewöhnlichen Frauendes Landes zählt.

Natürlich interessierte mich am brennendsten, wie eine Inderin dazu kam, ein eigenes unabhängiges Kloster zu gründen. Darauf erhielt ich eine unerwartete Erklärung.

»... als junges Mädchen sollte ich - wie es eben so üblich war - verheiratet werden ...«

Ihr Protest war derzeit heftig gewesen.

»... unter der Fuchtel eines Mannes stehen?«, lachte sie mich an, so als sei dies alles nur ein Witz. »Niemals!«

Welche Möglichkeiten hatte eine Inderin also, vor allem in jener Zeit? Da blieb eigentlich keine andere Wahl, als ins Kloster zu gehen.

»... aber dann hätte ich einer Äbtissin gehorchen müssen.« Sie wiegte entschlossen ihren Kopf und meinte verschmitzt: »Ich wollte selbst bestimmen!«

Also gründete sie ihr eigenes Kloster.

»Oh, das war nicht einfach ...«, sagte sie und lachte nun nicht mehr. »Nein, das war nicht einfach.«

Sie war damals Lehrerin gewesen. »... mit einer zusätzlichen Ausbildung an einer Montessorischule in Madras!«, betonte sie stolz, das hatte sie sehr interessiert.

1959 erhielt sie ein Stipendium von der Erzdiözese Köln, und da fuhr sie gemeinsam mit einer Freundin mit dem Schiff nach Deutschland.

»Oh, das war schön, zwei Wochen auf dem Schiff!", schwärmte sie und schlug begeistert in die Hände.

Sie verbrachte zwei Jahre in Deutschland, wo sie deutsch lernte und eine Ausbildung als Seelsorgerin machte. Die Freundin studierte Medizin und blieb als Ärztin 17 Jahre in Deutschland.

Zufällig war jene Freundin gerade anwesend, als Thangamanti diese Geschichte erzählte, und hörte lächelnd zu. Sie war selbst für indische Verhältnisse sehr mager und außerdem schüchtern, was die Unterhaltung erschwerte. Es sei schön gewesen, sagte sie und lächelte dann nur noch. Scheinbar hatte sie von dieser Zeit nichts zu erzählen. Unwillkürlich stellte ich mir vor, daß dieses Lächeln sie am Sprechen hinderte und die großen Zähne, die sie dabei entblößte.

Thangamanti ist da schon redseliger. Und die Tatsache, wieder einmal deutsch zu sprechen, macht es für sie noch attraktiver, sich mit mir zu unterhalten.

Nach einem halben Jahr Sprachunterricht in Bonn begann sie die zweijährige Ausbildung in Koblenz. Diese Zeit sei sehr fruchtbar gewesen, erzählte sie, und ich hörte die Leidenschaft heraus, die in ihrer Stimme mitschwang. »Ich habe so viel gelernt…«

Für eine Weile starrte sie auf die Tischkante vor sich und schien vergessen zu haben, daß sie Gäste hatte. Plötzlich tauchte der Trommellehrer meiner Schwester in der offenen Tür auf, und kurze Unruhe entstand, weil die Schülerin erst noch gesucht werden mußte. Dann zogen sich die Zwei zum Trommelunterricht in den Nebenraum, die 'Kapelle', zurück.

»Willst du noch Tee?«, fragte mich Thangamanti und wollte schon der Nonne einen Wink geben, die verstohlen hinter einem

Vorhang hervorlugte und unsere Unterhaltung lächelnd beobachtete. Verstehen konnte sie nichts, weil sie ja kein deutsch sprach.

Ich wollte keinen Tee mehr und auch keine Plätzchen. Nein, auch keine Samosas oder Reis mit Fisch! Es hatte immer Mühe gekostet, sich Thangamantis Fütterungsdrang zu widersetzen. Viel lieber wollte ich, daß sie weiter erzählte.

Sie lehnte sich zurück und schielte nach oben, so als böte ihr die Decke die genauen Daten ihres Lebens. »1961 fuhr ich mit dem Schiff zurück nach Indien ...«, setzte sie ihre Geschichte fort, hielt aber kurz inne, um den Trommelschlägen aus dem Nebenraum zuzuhören. »Sie ist schon richtig gut ... hörst du?« Tatsächlich, meine Schwester machte Fortschritte.

Zurück in Indien gründete Thangamanti schon bald ihr Kloster. »Oh, das war nicht einfach!«, wiederholte sie mit lachenden Seufzern. Damals besaß sie noch kein eigenes Haus, sondern wohnte mit ihren Nonnen in verschiedenen Häusern zur Miete. An ihren Fingern zählte sie ab, wie viele Male sie in jenen ersten Jahren umziehen mußte, bis sie endlich nach dreizehn Jahren Wanderschaft das Anwesen kaufte, in dem sie heute noch lebt.

»Das war 1974 ...«, überlegte sie. »Ja, 1974 ...«

Ob sie das Geld dazu von ihren Eltern bekommen hatte, fragte ich sie.

»Ach woher!«, antwortete sie. »Keinen Paisa habe ich gehabt!«

Die gesamte Summe hatte sie sich von der Bank ausleihen müssen. »... mit Zinsen und allem Drum und Dran!«, fügte sie energisch hinzu.

Aber es ging ihr gut. Sie verdiente viel Geld. Mit den Einnahmen aus der Montessorischule, die sie für Kinder der Altersgruppe drei bis zehn Jahre eingerichtet hatte, konnte sie recht schnell alles zurückbezahlen.

»Ich war eine Millionärin damals!« lachte sie, und die Wonne zeichnete sich in ihr Gesicht. Sie hatte einen Kindergarten und vier Klassen, die sie und ihre Nonnen betreuten und unterrichteten. Elf satte Jahre lang. Sie hatte diese Zeit sehr genossen.

»… dann kamen die Schwierigkeiten …«, fuhr sie fort, und die Erinnerung legte einen bekümmerten Ausdruck über ihr Gesicht.

In der entfernten Nachbarschaft gab es eine weitere, ebenfalls von Nonnen geführte Montessorischule, die jedoch nur schwach besucht war.

»… aber ich hatte dreihundert Schüler! Dreihundert!« Sie erhob beide Hände, während sie das sagte, und verharrte einen Moment, um das verklingende Echo dieser glücklichen Zahl nicht zu stören. Unvermittelt richtete sie sich auf, musterte mich prüfend und fragte: »Willst du wirklich keinen Tee mehr? Oder vielleicht einen Kaffee?«

»Nein, Thangamanti, ich habe doch schon drei Tassen getrunken«, antwortete ich amüsiert über ihren Fütterungsdrang und zugleich ungeduldig, weil sie ihre Geschichte unterbrach. »Warum hast du dann mit der Montessorischule aufgehört?«

»Diese Nonnen waren nur neidisch auf meinen Erfolg!« Sie blickte mich mit einer Mischung aus Empörung und Wehmut an. »Eines Tages brachten sie mich soweit, daß ich meine Montessorischule schloß …«

Das hatten die neidischen Nonnen ihr eingeredet, weil sie nicht im Besitz einer offiziellen Anerkennung war. Wieder mal ein Stück Papier, dachte ich mir.

»Hast du dich denn nicht selbst bei den Behörden erkundigt?«, forschte ich nach, »und dich um eine Erlaubnis bemüht?« Ich wollte nicht glauben, wie sie so ohne weiteres einfach nachgeben konnte.

»Nein! Stell dir vor. Ich bin nicht zu den Behörden gegangen«, erwiderte sie, ihre Stimme war voller Bedauern, »ich bin dumm gewesen …«

Sie atmete tief durch, wirkte nachdenklich.

»… heute würde ich das nicht mehr tun, nein!«, erklärte sie mit heimkehrender Vehemenz.

Entschieden wiegte sie ihren Kopf hin und her und ließ alles Revue passieren. 1986 hatte sie ihre Montessorischule aufgelöst. Seitdem sind die Zeiten schlechter geworden.

»Ich bin arm heute«, sagte sie betrübt, lächelte aber im nächsten Moment schon wieder.

Ihr Haupteinkommen bestreitet sie heute mit einem 'Hostel' für junge Mädchen, die von den umliegenden Dörfern hierher kommen, damit sie in Changanacherry auf das College gehen können. Die Schülerinnen werden von den Nonnen mit Unterkunft und Vollpension bestens versorgt und strengstens behütet. Zudem hat sie im Krankenhaus zwei ihrer Nonnen postiert, die für die Kantine kochen und dort einen kleinen Shop mit Keksen und Getränken führen.

Dann betreibt sie ein bißchen Landwirtschaft. Hinter dem Hauptgebäude befindet sich ein Stück Land, auf dem einige Mangobäume wachsen, die beliebte Sorte Alfonsa, und wo sie Gemüse anbaut. Für die Gartenarbeit und die Betreuung der drei Milchkühe hat sie zwei Männer eingestellt. Allerdings dürfen Männer das Haus nicht betreten, da ist sie ganz strikt. Nur bei dem Trommellehrer hatte sie eine Ausnahme gemacht. Ein dritter Mann, Babu, erledigt die Besorgungen mit der klostereigenen Auto-Rikscha. So wie andere Inder über der Frontscheibe ihrer Rikscha den Namen der Ehefrau oder Geliebten oder der Kinder anbringen, trägt Thangamantis Rikscha die Aufschrift: 'JESUS'. Im ersten Augenblick wirkt das ziemlich befremdend und im zweiten recht komisch.

Babu, der kräftig gebaute Fahrer dieser Rikscha, hat immer ein verschmitztes Grinsen im Gesicht. Thangamanti beschwert sich regelmäßig über ihn, weil er, wie die meisten hier in Indien, schlecht und undankbar sei.

Vor langer Zeit nämlich habe er vor dem Nichts gestanden,

obdachlos mit Frau und Kindern, und sie gab ihm das Geld, damit er sich ein Haus bauen konnte. Und deshalb muß er nun lebenslänglich für sie arbeiten.

Anfang dieses Jahres wurde Thangamanti siebzig Jahre alt. Als wir bei meinem letzten Besuch wieder einmal über ihren außergewöhnlichen Lebenslauf und all die Schwierigkeiten ihrer Klosterlaufbahn sprachen, fragte ich sie, was sie in ihrem Leben gern anders gemacht hätte.

Sie überlegte lange. »Ich weiß nicht ...«, antwortete sie zögerlich, »... nein, ich weiß es nicht!«

Wieder starrte sie zur Decke hinauf, als erhoffte sie dort oben die Antwort zu finden. Und plötzlich hellte sich ihr Gesicht auf. »Ich liebe mein Leben!«, sagte sie und mußte lachen.

Die Verblüffung über ihre eigene Antwort schien sie noch mehr zum Lachen zu bringen. Kopfschüttelnd lachte sie sich aus, und ihre Augen funkelten, als sie ihre neue Erkenntnis wiederholte: »Ja, wirklich! Ich liebe mein Leben!«

Ihre Freude war ansteckend. Ein anhaltendes Lächeln grub sich in meine Wangen. Die Füße im Schneidersitz übereinander geschlagen saß ich zufrieden auf dem harten Holzsessel und schaute einfach zu. Thangamanti lehnte sich zurück, wischte ihre Lachtränen weg und seufzte zufrieden: »... ja, ja ...«

Aber sie sprach nicht weiter, sondern lächelte stattdessen einen unsichtbaren Punkt irgendwo zwischen uns an. Da es eine Weile dauerte und ihr faszinierter Blick mich neugierig machte, stellte ich mir vor, wie sie dort an diesem unsichtbaren Punkt ihr Leben sah ...

Nach einigen Minuten der Betrachtung fuhr sie versunken fort: »... ja, ja, so ist das!« Sie wiegte leicht ihren Kopf und blickte mich mit einem schelmischen Lächeln an: »So ist das ...«

Onam - das Paradiesfest

In Kerala gibt es ein altes Sprichwort: 'Kanam wittu Onam unum!' Das heißt soviel wie: Wenn du kein Geld hast, verkaufe dein Land, damit du Onam feiern kannst!

Seit Jahren hörte ich immer wieder von dem größten Fest, das alljährlich zwischen August und September in Kerala gefeiert wird. »Onam ...!«, antworteten die Einheimischen, wenn ich sie danach fragte, und verstummten mit einem vielsagenden Blick, so als genügte allein dieses Wort als Erklärung. Es war mir bis dahin verwehrt geblieben, in der betreffenden Zeit in Indien zu sein. Vor zwei Jahren hatte ich sogar schon einen Flug gebucht, nur um das Onamfest mitzuerleben. Dann kam es doch anders. Nur drei Tage vor Abflug Anfang September erfuhr ich von einer indischen Freundin aus Kerala, daß das Onamfest bereits Ende August stattgefunden hatte. Da war ich genau einen Monat zu spät dran! Die indische Botschaft in Bonn hatte mir dieses falsche Datum angegeben.

Zu Onam gibt es viel zu essen, berichteten mir die Leute, nur die feinsten Sachen. Man besucht sich gegenseitig und trinkt Jaia und ißt dazu Süßigkeiten. Manche schenken ihren Müttern einen neuen Lungi oder Mundu. Hier und da wird getrommelt und getanzt, und die Männer trinken viel zu viel.

Prabha hatte mich ganz neugierig gemacht, als er einmal zu mir sagte: »Zu Onam spielen alle verrückt, sie tanzen und singen und trinken ...«

... tanzen und singen ...

Nach einundzwanzig Jahren Indienreisen ist es endlich so weit. Ich bin ziemlich gespannt auf dieses Onamfest, das inklusive der Nebenfesttage zehn Tage dauert. Die Kinder haben zwei Wochen Schulferien! Das bedeutet Dauerkrach von morgens bis abends, sofern man in einer indischen Familie untergebracht ist.

Während der Schulzeit war wenigstens einigermaßen Ruhe von neun bis sechzehn Uhr.

Außerdem wohnt Elima mit ihren drei Kindern hier, weil ihre Hütte überschwemmt ist. Nicht innen, aber rundherum ist ein See. Das macht es sehr unangenehm zum Wohnen. Sie wohnt nämlich noch in einem stilecht geflochtenen Palmblätterhaus. Wenn sie das Toilettenhäuschen erreichen möchte, braucht sie derzeit ein Boot oder muß schwimmen! Vineas Bruder ist auch hier in den Ferien. Das ergibt insgesamt sieben Kinder, wenn man die sechzehnjährige Vinea nicht mitzählt. Rund um die Uhr der Lärm von sieben Kindern, die nicht draußen spielen können, weil es dauernd regnet und überall Überschwemmung ist, und die verblüffend wenig schlafen, weil es keine geregelten Zu-Bett-Geh-Zeiten gibt und außerdem so viel los ist. Der Dauerlärm kann zur Katastrophe werden für einen modernen Menschen - wie zum Beispiel für mich - der es gewohnt ist, daß Kinder ein eigenes Zimmer haben und die Eltern auch! Es gibt wohl kaum eine deutsche Familie, die auf so engem Raum so friedlich miteinander auskommt wie die Menschen hier. Trägt nicht jeder von uns Vieldiskutierenden diesen verflixten Impuls in sich, spielenden Kindern immer wieder eintrichtern zu wollen, nicht so laut zu sein? Was für ein Widerspruch, spielen und leise sein müssen! Waren wir nicht selbst einmal Kinder? Warum werden Erwachsene so geräuschempfindlich? So störbar in ihrem Sein … Warum aber nicht die erwachsenen Inder? Bleiben sie etwa zu einem Teil Kinder? Inder!

Das Häuschen hier, in dem sich durchschnittlich sieben Kinder und sieben bis zehn Erwachsene aufhalten, besitzt nur zwei abgetrennte kleine Zimmer und einen größeren Vorraum. In Quadratmeter dürfte es in etwa die Maße haben wie meine 75-m²-Wohnung in München, die lediglich von zwei Menschen bewohnt nach westlichen Maßstäben bereits für zu klein empfunden wird.

In dieser ganzen turbulenten schulfreien Zeit habe ich nicht eine Inderin oder einen Inder gesehen, die wegen der Wildheit und der Lautstärke gegenüber den Kindern ihren Zeigefinger erhoben hätten. Warum auch? Die Erwachsenen sind mit ihrem eigenen Lärm beschäftigt. Besonders die Frauen. Sie können sich nicht einfach normal unterhalten, nein, sie schreien und zwar so laut und alle gleichzeitig, daß es drunter und drüber geht. Wenn ich ihnen von draußen zuhöre, frage ich mich zuweilen, wie sie sich bei dem Durcheinander verständigen können. Ihr Palaver erweckt geradezu den Eindruck, sie streiten sich. Erlebe ich aber dieses Kommunikationsspektakel visuell mit, ist die Überraschung groß. So sehr sie sich auch ereifern, ihre Gesichter sehen fröhlich aus, und sie sind bei bester Laune.

Mit dem Näherrücken des Onamfestes steigt die Spannung. Säcke voll Gemüse und Obst werden herangeschleppt, seltsame Wurzeln und Früchte, die ich nie gesehen habe, werden geschält und klein geschnitten und mit diversen Zutaten und Gewürzen gekocht. Zu Onam muß es unbedingt mehrere Chutneys und Pickles geben! Die Frauen scharen sich schnatternd in der kleinen Küche zusammen; mit ihren Körben und Messern am Boden sitzend sind sie tagelang beim Vorbereiten des kulinarischen Höhepunktes.

Das hat durchaus unterhaltsamen Wert. Nachbarinnen kommen zu Besuch und probieren zum Milchtee die frisch fritierten Bananen. Bisweilen ist auch eine Handleserin dabei, die dann mit den Müttern die Zukunft der Sprößlinge bespricht.

Wer nach Ernakulam in die Großstadt fährt, bringt eine Pakkung indisches Konfekt mit, das es nur dort von solcher Qualität und Auswahl gibt. Zudem ist es sehr teuer, das macht es noch kostbarer. Mit Jubelgeschrei stürzen sich die Kinder über die Dinge, die sie das ganze Jahr nicht bekommen. Plötzlich ist alles im Überfluß vorhanden. Was für ein Paradies!

Im Fernsehen wird jeden Abend ein indischer Monumentalfilm gezeigt. Kobra gekrönte Götterschönheiten verwandeln sich

'Om' singend in Dämonen und umgekehrt, schweben, den Urlaut des Kosmos einverleibend, auf mysteriöse Weise durch die künstliche Landschaft, meditieren tausend Jahre unter einem Banyan-Baum oder auf einem Eisblock an der Ganges-Quelle …

Die ganze Sippschaft sitzt gebannt davor, egal welchen Alters. Sie lieben den Kitsch, nur die Männer finden die Göttergeschichten zuweilen albern und nutzen den unbemerkten Rückzug, um in verborgenen Winkeln ein wenig Alkohol zu trinken.

Obwohl der Konsum von Alkohol legal ist, haftet ihm doch etwas Schlechtes an. Frauen trinken grundsätzlich nicht, und wenn es Männer tun, dann meist heimlich und folglich im Übermaß. Einfach nur zum Genuß in geselliger Runde sich ein kleines Gläschen Cognac zu Gemüte führen, ist ihnen absolut fremd. Den härtesten Stoff trinken sie wie Saft aus großen Wassergläsern. Wenn also einmal eine Flasche Rum oder Whisky vorhanden ist, wird sie auch geöffnet und in einem Rutsch ausgetrunken.

Da gibt es eine nette Anekdote:

Einst kam ein Inder zu Besuch nach Deutschland. Ihm gefiel das alles sehr und besonders das bayerische Bier hatte es ihm angetan. Auch was es sonst noch so gab, Grappa, Metaxa, Obstler, Amaretto… Amaretto wurde sein Lieblingsgetränk.

Der Habitus des Alkoholtrinkens entfachte einige Debatten mit seinen deutschen Freunden. War er doch anderes Tempo gewohnt! Mit seinen indischen Freunden hatte er, egal was, alles auf Ex und Hopp ratzeputz geleert. Nach drei Monaten kehrte er schließlich wieder in seine Heimat zurück, und neben einer Flasche Amaretto brachte er auch die neue Erfahrung mit: das Trinkverhalten einer anderen Kultur.

Als er seine indischen Freunde einlud und ihnen die Flasche Amaretto aus Deutschland präsentierte, klärte er sie zuerst über das ungewöhnliche Trinkverhalten auf, das er bei seinen deutschen Freunden kennen- und schätzengelernt hatte. »Dort genießt man solche Dinge und geht deshalb sparsamer damit um…«,

sagte er und nippte zur Demonstration an einem leeren Glas. »Ein Gläschen vor dem Essen oder danach, sie trinken so etwas vor allem zum Genuß ...«

Schließlich machte er sie noch auf den bedeutungsvollen Namen des aus der Fremde mitgebrachten Getränks aufmerksam. Gab es doch ein ähnliches Wort in Malayalam: 'amarettum'! Die Übersetzung lautet: ewig. Hier knüpfte er an, um seine Freunde zu neuem Trinkverhalten zu inspirieren und anzuspornen. Und mit überzeugender Mimik führte er vor, was für ein Genuß es war, den Amaretto einen Moment auf der Zunge zergehen zu lassen und einfach nur zu schmecken.

Sie schafften es tatsächlich, für dieses kostbare Ewigkeitsgetränk ihre Trinkgeschwindigkeit zu reduzieren. Und so gab es in jener lauen südindischen Nacht ein paar junge Männer, die das aus Deutschland eingeführte Trinkverhalten ausprobierten und im Schneckentempo die ganze Flasche Amaretto leerten...

Da jeder Tag des Onamfestes einen speziellen –nicht übersetzbaren - Namen hat und somit von unterschiedlicher Bedeutung ist, wäre es vermutlich ziemlich ermüdend, wollte ich nun anfangen, das gesamte, für westliches Gehör komplizierte, System des Onamfestes zu erläutern. Ist allein das Nachsprechen der Namen für westliche Zungen schon fast nicht möglich, grenzt es an das Unmögliche, Erkundigungen darüber einzuholen, mit denen man etwas anfangen kann. So wurde mir einmal erzählt, Onam dauere genau genommen zwei mal zehn Tage, weil es mit dem zehntägigen 'Atham' beginnt. Und ein andermal erfuhr ich, 'Atham' sei der erste Tag von Onam. Auf meine Frage allerdings, was 'Atham' überhaupt heißt, erhielt ich die Antwort: »Atham ist Atham!«

Glücklicherweise war ich während des 'Atham' bereits in Kerala und konnte mir ein eigenes Bild davon machen. Atham ist also so:

Die Leute schmücken den Vorplatz ihrer Häuser und Hütten

mit Blütenornamenten und kleinen Öllämpchen. Je nach Geldbeutel fallen die Dekorationen mehr oder weniger üppig aus und teilweise entarten sie zu kitschig illuminierten Kunstwerken. Allabendlich werden die Öllämpchen entzündet und ein paar frische Blüten dazu gelegt. Die Kinder lieben diese Zeit und gehen besonders achtsam mit dem Bodenschmuck um. Wenn man von der Schwüle absieht, hat es fast etwas Weihnachtliches.

Der vierte Tag von Onam ist der absolute Höhepunkt: Thiruvonam! Auch dieses Wort ist nicht übersetzbar!

Die restlichen Tage haben sich die in Kerala ansässigen verschiedenen Glaubensgruppen untereinander aufgeteilt. An dem einen Tag feiert nur die Kriegerkaste, an dem nächsten eine andere, ein bestimmter Tag ist der Geburtstag von Sri Narayana Guru.

Sri Narayana Guru ist ein weithin bekannter Philosoph aus Kerala, der in der ersten Hälfte dieses Jahrhunderts seine Anhänger um sich scharte und sogar von Gandhi besucht wurde. An seinem Geburtstag gibt es eine Besonderheit: Alle Liquor-Shops sind geschlossen! Denn er war ein Gegner von Alkohol. Auch sein Todestag einige Tage später fällt in die Onamzeit, da gilt dann die gleiche Regelung.

An Thiruvonam aber feiern alle! Und vor den Liquor-Shops bilden sich Schlangen bis hin zur Hauptstraße.

Während dieser Zeit in einer indischen Familie Gast zu sein bedeutet: Man ist nicht mehr Herr seiner selbst! Ich hatte das seltene Vergnügen, Onam bei einer christlichen Familie zu studieren. Für solche Situationen nur allzu typisch, rangen mir die Frauen bereits Tage zuvor das Versprechen ab, daß ich mich am Thiruvonam ganz indisch stylen ließe. Als es endlich so weit ist, gibt es kein Zurück mehr.

Nach dem 'Bath' - mit Haarewaschen! - werden mir zwei weiße Saris zum Auswählen vorgelegt. Für unsere Augen ist es ein Sari, aber sie nennen diese weiße Stoffbahn, die nur zu festlichen Anlässen getragen wird, ‘Set‘. Zu Onam tragen alle Frauen diese Sets, die weißen Saris mit dem Goldrand.

Ruby und Marykutti zwängen mich in ein enges Top, was bestimmt zehn Minuten in Anspruch nimmt und von Vinea, Jothymol, Elima, Amini und Amaji stimmlich unterstützt wird.

Am Tag zuvor hat meine ‘Blouse‘ bereits eine lautstarke Diskussion entfacht, nämlich: Welches Top könnte mir passen? Amini schied von vornherein aus, sie ist einfach zu dünn, auch Jothymol. Vinea ist noch zu jung, um Saris zu tragen, Amaji und Ruby haben zuviel Busen und Elima hat zu wenig Busen. Übrig blieb Marykutti. Dennoch war ihr Top so eng, daß ich die Rückenabnäher auftrennen mußte, sonst hätte ich keine Luft bekommen.

Wenigstens kann ich mich in dem Punkt durchsetzen, daß ich die untersten zwei Haken auflassen darf. Später, in die fünf Meter lange Stoffbahn eingewickelt, würde sowieso niemand diesen Makel sehen können.

Für Momente bin ich in eine Vergangenheit versetzt, die ich nie erlebt hatte, und die Vorstellung von jener Zeit, als sich die Frauen in enge Korsagen schnürten, um schön zu sein, fühlt sich richtig echt an.

Nicht weil es etwa kalt ist, muß ich unter dem Set einen großzügig gerafften knöchellangen Unterrock aus dicht gewebtem Baumwollstoff tragen. Bei über achtzigprozentiger Luftfeuchtigkeit hat es sechsunddreißig Grad Celsius im Schatten! Der Körper würde am liebsten nackt gehen. Trotzdem, der Unterrock muß sein, man könnte ja sonst die vagen Umrisse der Beine durch den dünnen Stoff erahnen! Es ist beinahe unerträglich, wie prüde die christlichen Frauen aus dem Mittelstand sind. Selbst zum Schlafen ziehen sie den BH und den Unterrock unter ihren wallenden Hauskleidern nicht aus!

Allein mit dem bauchfreien Top und dem Unterrock bin ich schon schweißgebadet. Aber die Frauen lachen, sie wollen mich ja richtig indisch stylen. Deshalb fahren sie hurtig fort und machen sich gleich zu mehreren an mein Hairstyling. Sie schnattern unaufhörlich und haben ihre wahre Freude an mir.

Normalerweise stecke ich mein langes Haar wegen der Hitze grundsätzlich hoch, selbst ein Zopf wäre mir noch zu warm im Nacken. Aber die Keralafrauen tragen ihr langes Haar offen. Lediglich an den Spitzen, etwa auf Polänge, wird es zu einem kleinen Knoten zusammengehalten. Zwei Strähnen von den Schläfen zu einem schmalen Zöpfchen geflochten und am Hinterkopf fixiert sorgen dafür, daß diese kokosnußgeölte Haarpracht ordentlich aussieht und nichts ins Gesicht flattert.

»Keralastyle! Keralastyle!«, höre ich ihre Stimmen in mein Ohr schreien, während sie mein zerzaustes, noch nasses Haar recht unsanft durchkämmen.

In den Spiegel werde ich erst später blicken!

Das enge Top kneift mich in die Rippen.

Je weiter sie in ihrem Tun fortschreiten, desto schöner finden sie mich. Ich kann es deutlich auf ihren Gesichtern ablesen, und sie sagen es auch: »Kollam! Kollam!« Ähnliche Schönheitssitzungen kenne ich bereits von Varkala, wo Damaindi mit ihren Freundinnen und Nachbarinnen dergleichen veranstalten, wenn ich sie besuche. Daher weiß ich längst, daß der Blick in den Spiegel gelegentlich schockierend sein kann.

Diesmal ist der Schock gar nicht so groß. Weil ich ohnehin schon blaß genug bin, verzichten sie auf das weiße Puder für mein Gesicht.

Nach Kerala-Art frisiert und eingewickelt und mit Goldketten geschmückt marschiere ich anschließend mit den Frauen und den Kindern zur Kirche, wo eine ‘Flower-Competition‘, ein Blütenornamente-Wettbewerb stattfindet.

Zu mehreren teilen wir die drei Regenschirme und waten durch das knietiefe Wasser, bis wir endlich den asphaltierten Weg erreichen, der wegen seiner Erhöhung nicht überschwemmt ist.

Ich muß dauernd lachen. Was für eine unpassende Aufmachung bei solchen Wetterverhältnissen! In meiner weißen bodenlangen Bekleidung komme ich mir vor wie eine verirrte Braut, die im Überschwemmungsgebiet nach ihrem Bräutigam sucht. Doch wohin sie blickt, sie sieht nur andere Bräute durch das Wasser waten.

Als wir die Kirche erreichen, ist die untere Hälfte unserer weißen Saris beziehungsweise Sets voller Schlammsprenkel. Ich ernte Lob, weil ich die wenigsten Spritzer abbekommen habe!

Eine riesige überdachte Fläche neben der Kirche dient als Platz für den Blütenornamente-Wettbewerb. Viele Menschen haben sich bereits mit ihren Tüten voller Blüten eingefunden. Sie plaudern und kichern, bis es endlich losgeht. Insgesamt sind es sechsundzwanzig Gruppen. Daß unsere Gruppe fast nur aus weiblichen Teilnehmern besteht, ist reiner Zufall. Der Wettbewerb ist keineswegs eine Angelegenheit der Frauen, es gibt sogar reine Männergruppen.

Jede Gruppe hat sich eine numerierte Stelle ausgesucht, und die Kräftigsten der Teilnehmer schleppen nun von dem naheliegenden Tümpel eimerweise Wasser herbei, um den Sandboden anzufeuchten.

Als der Startschuß fällt, bohren sich Hunderte von eifrigen Händen in den feuchten Sand und bereiten das Fundament für die Blütenornamente vor. Jede Gruppe hat ihre eigenen Ideen, manche haben ihren Entwurf sogar auf ein Blatt Papier gezeichnet, wie unser Anführer Varghese, der Architekt ist. Mit Stöckchen und Schabern formen sie kunstvolle Rosetten und erhabene Reliefs von Riesenblüten aus dem Sand, bevor sie mit dem Blütenstreuen beginnen. Die meisten streichen lediglich den Boden glatt und markieren sich darauf einen Kreis. Innerhalb von zwei Stunden entstehen prächtige Blüten-Gebilde. Unser Blütenbild ist die indische Landkarte in den Farben rot, weiß, grün auf einem sechseckigen Sandpodest, das von Varghese in langwieri-

gen Berechnungen eigenhändig errichtet wird. Er nimmt die Sache so ernst, daß er jegliche Hilfe strikt ablehnt. Wir Frauen können daher nichts weiteres tun, als tatenlos zusehen, bis wir mit dem Blütenstreuen an der Reihe sind. Schließlich werden wir wegen des Sechsecks disqualifiziert, als einzige Gruppe. Vorgeschrieben war ein 'runder' Kreis, kein eckiger!

Eine Männergruppe ist Sieger. Ausgelassen tanzen sie um ihr Blüten-Kunstwerk und feiern singend und klatschend ihren Sieg.

Auf dem Heimweg haben wir es ziemlich eilig. Zu wissen, wieviele Köstlichkeiten daheim auf uns warten, macht allein schon hungrig. Daß wir disqualifiziert worden sind, läßt uns gleichgültig und ist schnell vergessen.

Auch wenn es im Alltag in Kerala bereits fortschrittlich zugeht, zu Onam sitzt man nicht auf Stühlen und am Tisch und ißt auch nicht von Tellern! Zu Onam ist es Tradition, auf dem Boden Platz zu nehmen und von Bananenblättern zu essen. Natürlich mit den Händen! Nein, nur mit der rechten Hand.

Es herrscht reger Aufruhr in der sogenannten Halle, dem Hauptraum eines jeden indischen Hauses. Als 'Tischdecken' werden Zeitungen auf dem Boden ausgebreitet und darauf die Bananenblätter gelegt. Festliche indische Hektik quirlt die Luft. Jeder robbt mit einer Schüssel voller Festtagsspeisen durch die Reihen, um die verschiedenen Beilagen in kleinen Häufchen auf die Blätter zu laden. Farbenfroh reihen sie sich aneinander: mehrere Chutneys und Pickles, Gemüsecurrys, gebratener Fisch, Fischcurry, Joghurtsoßen, Dal, getrocknete Bananenscheiben, Pappaddam… Zentrum ist der Berg Reis. Es gibt kaum noch Platz, weder auf dem Boden zum Sitzen, noch auf dem Bananenblatt. Wir sind mindestens zwanzig Leute. Marykutti und Vinea werden später essen, damit sie uns alle bedienen können. Bestimmt will jeder einen Nachschlag, und mit den currytriefnassen Händen kann man schlecht nach der Schöpfkelle greifen.

Dann geht alles sehr schnell. Eine ganz andere Hektik entsteht, eher wie auf dem Bahnhof am Ticketschalter oder am Busstand oder auf einer Baustelle. Die Inder sind Schnellesser. Auf einmal scheint essen nur noch eine Notwendigkeit zu sein. Keiner sagt »Mmh!« oder »Aah!« oder lobt die gelungenen Leckereien. Wer fertig ist, tut dies mit einem baßstimmigen satten Rülpser kund, steht auf, trägt sein zusammengefaltetes Bananenblatt hinters Haus und wirft es dort unter eine Palme. Die Krähen trippeln längst ungeduldig auf der Mauer hin und her, um ihren Anteil nicht zu verpassen. Das Fünf-Sterne-Onam-Festtagsessen ist in einer Viertelstunde beendet.

Große Betriebsamkeit entsteht in der Küche, wo die Töpfe wieder saubergeschrubbt werden. Teller gibt es ja diesmal keine zum Abwaschen. Dennoch werkeln die Frauen, als sei es so. Jede macht eine Kleinigkeit, hat irgendetwas in der Hand, einen Lumpen, einen Topf, Gemüseschalen, die weggeräumt werden müssen, einen Besen. Und dabei reden sie mit einer Eifrigkeit, als hätten sie sich Jahre nicht gesehen. Die Stimmung erinnert an eine Party. Tatsächlich hatte ich des öfteren schon die unfreiwillige Assoziation, die Küche sei der Partyraum der Frauen. Zweifellos ist dort am meisten los.

In der Küche Geschrei, draußen Geschrei, überall lachen und toben die Kinder. Vielleicht sieht so das Paradies aus?

Die Männer hört man kaum. Aber sie sind noch da, sitzen auf der Veranda, haben sich noch nicht zurückgezogen.

Die Turbulenzen in der Küche verlagern sich bald wieder zurück in die Halle. Wer müde ist, legt sich einfach nieder, da, wo eben noch die Bananenblätter lagen, und macht ein Nickerchen. Die Kinder sind natürlich nicht müde und tollen zwischen den Schlafenden umher, was scheinbar niemanden stört.

Später am Nachmittag nähern sich von draußen Trommelschläge. »Tigerplay!«, rufen die Kinder aufgeregt. Alles rennt auf die Veranda. Eine Gruppe von Trommlern spaziert durch das

Tor in den Garten, angeführt von zwei umherspringenden Gestalten. Eine ist als Tiger verkleidet, eine als Jäger mit einem Gewehr. Das soll ein Sahib sein, ein Engländer aus der Kolonialzeit. Der aus Draht und Stoff gebastelte Hut mit der überbreiten Krempe ähnelt eher der Kopfbedeckung einer englischen Lady beim Pferderennen.

Das Trommeln steigert sich so lange, bis der Jäger den Tiger erschossen hat. Die Beteiligten des Tigerplay werden mit ein paar Münzen belohnt und ziehen zum nächsten Haus weiter.

Die Zeit drängt, der Götterfilm beginnt. Der Fernseher wird eingeschaltet und begierig umringt. Wieder füllt sich die Halle. Jung und alt hocken nun dicht gedrängt am Boden und verfolgen mit Spannung, was die Götter alles so treiben.

Irgendwann, es ist bereits dunkel, sitze ich auf der Veranda in der lauen Moskitoluft und sehne den Augenblick herbei, da ich den kneifenden Unterrock samt den fünf Metern Stoff und das beengende Top endlich von mir streifen kann. Es ist noch lange keine Zubettgehzeit. Ich muß noch bis Mitternacht durchhalten.

Plötzlich dringt Singen und Trommeln durch den dunklen Palmenwald. Augenblicklich sind die Leiden meines unbequemen Festtagskostüms vergessen, meine Neugier ist geweckt. Ich bin nicht mehr zu halten. Aber eine Frau läßt man hier nicht einfach so alleine durch die Nacht laufen! Es ist stockfinster, denn entlang des Weges gibt es keine Beleuchtung.

In Begleitung von mindestens einem halben Dutzend Familienangehörigen gelangte ich zu einer einfachen Blätterhütte nur wenige Minuten entfernt. Männer und Frauen tanzen vor der Hütte im Kreis und singen alte Lieder. Nur eine kleine Kerosinflamme sorgt für Licht.

Kann es sein, daß ich Frauen und Männer der Mittelschicht nie habe zusammen tanzen sehen?

Ich bin herzlich willkommen, auf der Schwelle Platz zu nehmen und zuzuschauen. In dieser Hütte gibt es noch keinen Fernseher. Nicht einmal Strom. 'Ist der Mangel an Reichtum der Hüter alter Kulturen?', überlege ich und genieße die Aufführung.

Wahrscheinlich tanzen sie die ganze Nacht durch. Manchmal löst sich die geordnete Formation in berstendes Gelächter auf. Vielleicht hat einer falsch gesungen? Sie rufen sich scheinbar Lustiges zu und lachen Tränen. Vermutlich schmücken sie die Verse zur allgemeinen Erheiterung mit eigenen Improvisationen aus. Vergnügt stimmen sie ein neues Lied an und tanzen weiter. Es herrscht eine fröhliche Stimmung und keinem der Tanzenden scheint es zu schwül oder zu spät zu sein. Meinen Begleitern allerdings wird es irgendwann zu langweilig und zu unbequem. Ungeduldig drängen sie zum Heimgehen. Es ist Mitternacht vorbei, als ich mich schließlich dazu überreden lasse.

Früher, so erzählt mir jemand, gab es noch viel mehr Dinge zu Onam. Neben den alten Liedern, die heute kaum mehr jemand singt, wurde eine Art Riesenschaukel installiert, die nicht nur die Kinder erfreute. An einem dicken Seil, in enormer Höhe zwischen zwei Kokospalmen gespannt, hingen zwei lange Seile, die am unteren Ende, etwa einen Meter über dem Boden, mit einem kräftigen Stock verbunden waren. Oft verwendeten sie dazu den schweren Riesenmörser aus Holz, mit dem sie gewöhnlich den Reis stampften. Nun diente er zum Sitzen oder Stehen, denn mit dieser Konstruktion konnte man sehr hoch und sehr weit schaukeln. Aber heute macht sich keiner mehr diese Mühe, was ich gar nicht verstehen kann.

Am nächsten Morgen sind die Zeitungen voll mit der Abbildung eines Mannes mit einem ausladenden Bauch und einem üppigen Schnurrbart. Er ist samt Goldkrone in ein ähnliches Götterkostüm gekleidet, wie ich es bereits von den Göttergestalten aus dem Fernsehen kannte.

'Mahaveli hat Alleppey besucht ...', steht unter dem Foto. Wer denn das sei, frage ich, und da erfahre ich die alte Geschichte, die sich hinter dem Onamfest verbirgt.

einst regierte ein König in Kerala, das unter seiner Herrschaft ein Paradiesland wurde. Sein Name war Mahaveli. Er war ein guter König, denn er liebte sein Volk und gab ihm alles, woran es sich erfreute. Die Menschen hatten im Überfluß zu essen, alle waren gleichgestellt und daher sehr glücklich.

Es war der Himmel auf Erden!

Das verärgerte die Götter. Sie waren eifersüchtig auf den König, der seinem Volk ein Leben wie im Paradies ermöglichte. So beschlossen sie, etwas dagegen zu unternehmen.

Eines Tages trat ein Brahmanenjunge vor den König Mahaveli, der jeden Besucher freundlich empfing. Er wußte nicht, daß es Vamana war, eine Inkarnation von Krischna, der sagte: »Ich brauche drei Fuß Land!«

Mahaveli antwortete wie immer großzügig: »Was immer du brauchst, ich gebe es dir!«

Vamana tat den ersten Schritt und alles Land war unter seinem Fuß. Er tat den zweiten Schritt und der ganze Kosmos war unter seinem Fuß. Dann gab es keinen Raum mehr für einen dritten Schritt. Mahaveli hielt sein Wort und bot Vamana seinen Kopf an, auf den er seinen Fuß stellen konnte. Aber er bat Vamana, daß er wenigstens einmal im Jahr sein Volk für zehn Tage besuchen dürfe.

Vamana gewährte ihm den Wunsch und stellte seinen Fuß auf sein Haupt …

Seitdem feiern die Menschen in Kerala jedes Jahr nach der Ernte das Onamfest. In dieser Zeit sind alle Menschen gleich. Wer viel hat, gibt das Beste an die, die wenig oder nichts haben. Selbst die Ärmsten können jetzt zehn Tage lang Schlaraffenland erleben.

Albin, der Leiter des Shanti Bhavan, in dem zweihundert geistig behinderte Obdachlose untergebracht sind, erzählt strahlend von den Gaben, die seinen Schützlingen in der Onamzeit zugute kamen. »Wir konnten das gar nicht mehr alles essen …«

Wer jedoch kurz nach Onam Lust auf ein kühles Bier verspürt, muß sich ein paar Tage oder mehr gedulden, bis die Regale der Liquor-Shops wieder aufgefüllt sind, denn der gesamte Alkohol ist dann ausverkauft!

One Minute III.

… seit zwei Tagen regnet es ohne Unterbrechung. Manchmal, für Stunden ist es ein Dahinrieseln, wie ich es von zu Hause kenne. Und plötzlich zeigt sich das Tropengesicht von einer Seite, die unerbittlich ist. Das kann man nicht mehr als heftigen Regen bezeichnen, das sind Wasserfälle, die da vom Himmel herunter stürzen! Man könnte meinen, nun wird alles plattgedrückt auf der Erde. Es kann Stunden so gehen, Tage und Nächte, aber die Welt ist immer noch nicht untergegangen …

Sie hebt den Kopf und starrt in den Regen hinaus. Wasserfälle krachen aus dem tief hängenden Himmel herunter. Die Wolken sind nun aus aufgewühltem Dunkelgrau gemacht, und für Momente kann sie etwas Grünliches hindurchschimmern sehen, als sei der Himmel ein verwunschener Ozean.

Die Vorstellung, sie würde samt der Veranda und dem ganzen Haus in Kürze davongeschwemmt werden, erfordert nicht viel Phantasie. Seit Stunden schreibt sie einen Brief, vielmehr versucht sie es. Nicht eine einzige Seite hat sie gefüllt. Sie kann sich einfach nicht konzentrieren. Der Regen lenkt sie ständig ab!

Seltsam! Ich verstehe das selbst nicht, es regnet doch nur…, schreibt sie auf das Briefpapier. Aber sie kann nicht weiterschreiben, hebt wie unter Zwang den Kopf und schaut in die Wasserfälle des Himmelsozeans hinaus.

Vielleicht sollte sie lieber nur nachdenken, anstatt einen Brief zu schreiben. Über den Wandel der Zeit! Über ihr neues Leben? Oder am besten mal gar nichts tun. Einfach in den Regen glotzen und versinken in die Gestaltlosigkeit der fließenden Welten!

Es gibt kein Entrinnen …, denkt sie und schreibt es nieder.

Es gibt kein Entrinnen, liest sie laut und findet den Gedanken ziemlich pathetisch.

Aber es ist tatsächlich so: Es gibt wirklich kein Entrinnen.

Seit Wochen sitzt sie am Ende der Welt fest und kann nicht

weg, weil der Regen sämtliche Verbindungen zur restlichen Welt abgeschnitten hat. In der trockenen Jahreszeit kommen Fremde hierher, weil dann das Wetter so schön ist, aber jetzt sind es nur die Einheimischen, die freiwillig hier sind und sich über den Regen freuen.

… auf Dauer wird die Situation zum Härtetest. Es gibt kein Entrinnen…

Der Regen wirkt machtvoll auf ihr westliches Gemüt. Er stört ihre Konzentration, hindert sie an der Fortbewegung und am Weiterreisen, hält sie den ganzen Tag wie eine Gefangene im Haus fest, läßt all ihre Sachen verschimmeln!

Die Zeit vergeht viel langsamer, wenn man tagaus, tagein auf der Veranda sitzt und zuschaut, wie es regnet. Wenn sie schreibt, vergeht die Zeit etwas schneller, kommt es ihr vor, dann gerät sie ins Grübeln, verwirft diese Idee, holt sie aber wieder zurück, weil gerade nichts anderes da ist zum Denken.

… obwohl die Minuten auf dem Zifferblatt meiner Armbanduhr bestimmt immer noch sechzig Sekunden messen, habe ich bisweilen den Eindruck, es wären tausend …

Tausend Sekunden in einer Minute!

Diesmal ist alles anders. Warum bringt sie nur wenige Sätze auf das Papier? Und dann, als müsse sie sich von der Anstrengung erholen, taucht sie in eine Art zeitlose Tagträumerei ab.

Kehrt sie später zum Papier zurück, ist sie ohne Erinnerung. Das ist kein unangenehmes Gefühl. Nur die Gewohnheit schiebt ab und zu anklagende Bruchstücke von schlechtem Gewissen aus alten Tagen in ihr Ohr.

Das Merkwürdige ist, manchmal kommt sie zurück und ist nicht nur ohne Erinnerung, sondern es ist auch kaum Zeit vergangen!

Irgendwann kurz vor dem Mittagessen kommt es ihr plötzlich zu Bewußtsein: Ich bin von der Leere zurückgekehrt! Vom Nichts …

Es erschreckt sie ein bißchen.

'Was geschieht in diesen gestaltlosen Welten mit mir?', überlegt sie und schreibt: … daß mir so jegliche Kontrolle entgleitet, ja sogar mein Gedächtnis sich weigert zu arbeiten …

'Das Nichts ist überhaupt nicht greifbar!'

Für Sekunden durchfährt sie zuweilen der Impuls 'Hier kommst du nie wieder weg!' oder: 'Es hört nie mehr auf zu regnen!' oder: 'Das ist alles nur ein Traum!' … 'In einer Minute bist du wieder wach!'

… Entweder ich bin dauernd wach oder ich träume permanent, oder die Minuten, die aus tausend Sekunden bestehen, sind eine Täuschung …

Vielleicht erwacht sie erst in einer Ewigkeit?

Es läßt sich viel über die Ewigkeit spinnen, wenn man plötzlich so viel Zeit hat, über die Zeit nachzusinnen.

Zeit! Ist das nicht nur eine Erfindung der Menschen?

Ihre Gedanken sind plötzlich aufgebracht. Nur eine Erfindung der Menschen! Jeder würde von sich behaupten, das zu wissen. Nur eine Erfindung der Menschen … Begann es nicht vor etwa fünftausend Jahren, als die alten Ägypter diesen Stern Sirius entdeckten, den sie als Sothis verehrten? Was haben sie wohl für Gesichter gemacht, als sie plötzlich in diesem Himmelsgestirn den kosmischen Jahreszeiger dieser Erde erkannten? In einem regelmäßigen Rhythmus verschwand er unter dem östlichen Horizont und kehrte nach stets der gleichen Anzahl von Tagen genau zur Überschwemmung wieder zurück! Diese Übereinstimmung war natürlich sehr auffällig. Zufall oder Pünktlichkeit des kosmischen Geschehens? Der Pulsschlag des Universums …

Demnach ist das erste Datum der Zeitentdeckung der neunzehnte Juli!

Ihre Gedanken überschlagen sich. Im Juli herrscht das Zeichen Krebs, Symbol von Fruchtbarkeit und Mutterschaft …

Natürlich! Die Überschwemmung setzte immer am neunzehnten Juli ein! Falls die Ägyptologen sich nicht geirrt haben. Oder war es ein anderer Tag im Juli?

Da die Menschen des alten Ägypten in der Bewegung der Göttin Sothis nun den Raum eines Jahres beobachten konnten, begannen sie alsbald, den Raum von Sonnenaufgang zu Sonnenaufgang in zwölf Tag- und zwölf Nachtstunden zu unterteilen. Sie fuhren fort, Sonnenuhren zu bauen, um die Stunden sichtbar zu machen und zu zählen, und Sanduhren herzustellen, damit sie auch die Minuten messen konnten. Aber ihr neu erwachtes Zeitbewußtsein war sehr flexibel, was die eigentliche Dauer der einzelnen Stunden betraf. Denn unabhängig von Sommer und Winter blieb ihre Orientierung dem Sonnenauf- und dem Sonnenuntergang treu. Diese Ungleichheit ist ihnen sicherlich aufgefallen, aber womöglich hielten sie es nicht für wichtig, ob die Länge der Tag- und Nachtstunden von der Jahreszeit abhing und je nach dem auseinandergezogen oder zusammengedrückt wurde. Für sie waren es zwischen Sonnenauf- und Sonnenuntergang immer zwölf Stunden.

Das hatte eine gewisse Logik! Folglich dauerten auch die Minuten des Tages und der Nacht verschieden lang! Die Dauer einer Minute hing also bei der ersten Zeitentdeckung ganz von der Jahreszeit ab …

Hatten die alten Ägypter nicht regen Kontakt mit den Sumerern und den Bewohnern des ferneren Asien? Das ist es: Die altägyptische Zeitrechnung ist hier immer noch wirksam!

Wie sonst läßt sich das Phänomen erklären, daß die Tagminuten in der Regenzeit viel länger wirken als die Nachtminuten, daß sie sich in die Länge ziehen … kein Ende nehmen …

Ja, das muß es wohl sein.

Bahnhofs-Talk um Mitternacht

Manchmal kann man sich an jedes Detail erinnern. An das Licht, das Muster im Boden, die Geräusche, den Stuhl, auf dem man saß, die Temperatur, die Gerüche …

Ich weiß genau, daß es um Mitternacht war. Die wenigen Glühbirnen verbreiteten gedämpftes, gelbes Licht. Ein gemütliches, ja, beinahe geheimnisvolles Düsterlicht. Es war angenehm warm, die wohlige Atmosphäre einer Tropennacht. Ich hatte es mir auf einer alten Rattanliege bequem gemacht, die noch aus der Kolonialzeit zu stammen schien. Die 'Retiring-Section' des alten Bahnhofs besaß eine Art Innen-Veranda mit einer Säulenbalustrade. Dort konnten sich die Fahrgäste bis zur Weiterfahrt ausruhen und dabei die ankommenden und abfahrenden Züge beobachten. Aber um diese Zeit passierte nicht viel. Mein Zug in ein paar Stunden würde der nächste sein.

Was ich heute nicht mehr mit Sicherheit weiß, ist, in welcher Stadt es war. Jedenfalls muß es eine größere Stadt im Süden gewesen sein. Vielleicht Madurai?

Ich könnte jetzt aufstehen und in meinen zig Reisetagebüchern zu suchen beginnen. Bestimmt hatte ich es irgendwo aufgeschrieben. Wie lange ist das jetzt her? Zwanzig Jahre? Ja fast, es war im Frühjahr 1980.

Aber es ist jetzt nicht so wichtig, genau zu wissen, wann ich mich wo befand, denn das, was ich erzählen will, betrifft das Gespräch, das ich mit einem älteren Inder dort führte.

Schließe ich die Augen, kann ich die laue Luft jener Nacht riechen, höre die Geräusche, die das transparente Gewand jenes nächtlichen Bahnhofs webten: die Stille vieler Menschen, die auf ihren Zug warteten …, die schemenhaften Laute, die durch den Widerhall verzerrt von Wand zu Wand des riesigen Gebäudes geworfen wurden …, der plötzliche Lärm eines Gepäckkarrens, der mit seinen nackten Eisenrädern über das Pflaster krachte und irgendwo stehen blieb ..., ein Rauschen in der Luft, wie es für Bahnhofshallen so typisch ist ...

Die meisten schliefen. Sie lagen im Wartesaal und am Bahnsteig auf den Bänken und auf dem Boden. Ganze Familien waren wie riesige Knäuel ineinander und übereinander verwickelt. Andere saßen stumm da und tranken einen Jaia oder plauderten leise mit jemandem. Von Zeit zu Zeit vernahm ich das Zischen, das von dem Teestand unter der Veranda herrührte. Dann pumpte der Besitzer gerade seinen Kerosinkocher auf, damit die Flammen wieder mehr Druck hatten für einen neuen Topf voll Jaia.

Oh, und jetzt erinnere ich mich sogar, daß ich über mir die Sterne sah. Das Dach hatte hier eine Öffnung. Bestimmt war den Architekten diese geniale Idee nicht zum Sternegucken eingefallen, dachte ich und freute mich über diesen vorzüglichen Platz des Zufalls.

Zwei Bahnhofsangestellte in viel zu enger Uniform wollten mich gleich wieder verjagen. Die Rattanliegen, ja, der gesamte Bereich der Veranda sei jenen Passagieren vorbehalten, die ein Zimmer im 'Retiring-Room' gebucht hatten, erklärten sie mit formeller Unerbittlichkeit, die nur allzu deutlich machte, daß es an diesem Ort keine Ausnahmen gab. Auch meine bequeme Liegestatt konnte mich nicht dazu verführen, einen Aufpreis dafür zu bezahlen, und so sah ich mich bereits mit meinem Gepäck die Treppe hinunterstapfen und in einem unbequemen Plastikschalensitz warten, bis mein Zug kam.

Mein Reisebudget war für solchen Luxus nicht geschaffen, denn ich war eine Langzeitreisende. Der Luxus in meinem Fall bedeutete, so viel Zeit wie möglich zu gewinnen! Das ging nur mit Sparen. Denn jede unnötige Ausgabe hätte meinen Aufenthalt in Indien nur verkürzt.

Ich konnte schließlich doch in der 'Retiring-Section' bleiben! Dank des Zuspruchs eines älteren Inders ließen sich die zwei Uniformierten erweichen, und der Gedanke gefiel mir, dies sei die erste Ausnahme ihres Lebens.

Nun war ich offiziell Gast dieses älteren Inders, der dort ein Zimmer gebucht hatte und sich über eine nette Unterhaltung mit mir freute. Groß und schlank stand er in diskretem Abstand an die Balustrade gelehnt. Er war sehr schlicht und geschmackvoll gekleidet und hatte eine feine Art.

Vor vielen Jahren habe er lange in der Schweiz gelebt, begann er. Weil aber die Schweizer kein Englisch sprachen, mußte er ein wenig schweizerisch lernen, und prompt sagte er: »Wie got's?«

Ich mußte lachen. We got's! Mitten in Indien aus dem Munde eines Inders!

Er meinte, ich sähe nicht aus wie eine Schweizerin, auch nicht wie eine Deutsche, sondern eher wie eine Französin. Mein Gesicht sei französisch. Dann unterhielten wir uns über das Heiraten in Indien und das Nicht-Heiraten in Deutschland.

Das war das Hauptthema dieser Nacht.

Er habe gerade seine Tochter und seinen Sohn verheiratet, die nun sehr glücklich seien, erzählte er und lächelte zufrieden.

Unwillkürlich zog es mich als Tochter in diese Situation hinein. Vor meinem inneren Auge entstanden die Umrisse eines Alptraums. Der Versuch, mir den Mann vorzustellen, den meine Eltern für mich ausgesucht hätten, scheiterte rigoros und endete mit tausend Fluchtversuchen.

Den exotischen Bräuchen fern war ich heilfroh, daß sich solche Sitten in meiner Jugend in meiner deutschen Heimat nicht mehr hatten durchsetzen können.

Er und seine Frau waren sehr in sich gegangen, erklärte er, und sie hatten sich viele Gedanken gemacht, wer zu ihrer Tochter und wer zu ihrem Sohn paßte. Aber nicht nur die Charaktere seien bei ihrer Wahl von Bedeutung gewesen, sie hatten auch die astrologischen Daten des Paares genauestens prüfen lassen. Erst dann war das Hochzeitsdatum mit genauer Uhrzeit von einem Astrologen festgesetzt worden.

Viele Jahre später erfuhr ich in Kerala von einer mysteriösen Konstellation im Horoskop eines Menschen: das 'Chowadosham'. Das ist eine heikle Sache, weil sich somit das Heiraten zu einem gefährlichen Unternehmen gestaltet. Würde nämlich jemand mit einem 'Chowadosham' jemanden heiraten, der das nicht hat, würde letzterer den baldigen Tod erleiden. Um das Unheil jedoch abzuwehren, dürfen sich nur Partner vermählen, die beide das 'Chowadosham' in ihrem Horoskop haben. Daß diese Konstellation nicht sehr oft vorkommt, hat auch einen Nachteil: Es ist umso schwieriger, überhaupt einen passenden Partner zu finden.

In jener Nacht auf dem Bahnhof hatte ich von solchen Feinheiten des indischen Heiratsvermittlungssystems noch keine Ahnung. Derzeit war allein die Tatsache, daß Eltern die Ehen ihrer Kinder arrangierten, solch eine Neuheit für mich, daß ich damit genügend beschäftigt war.

Skeptisch fragte ich den älteren Inder, ob seine Tochter und sein Sohn denn nicht lieber selbst einen Ehegatten gesucht hätten. Doch er strahlte über das ganze Gesicht und sagte mit voller Überzeugung, seine Kinder wüßten genau, daß die Eltern sie am besten kannten und deshalb besser einen Partner für das ganze Leben aussuchen konnten als sie selbst. Denn, wie er mit dem ernsthaften Schmunzelblick eines Weisen meinte, sei das Verliebtsein irgendwann einmal zu Ende...

Darin mußte ich ihm recht geben. Sprach es aber nicht aus. Trotzdem, Liebe ohne den wichtigen Abschnitt des Verliebtseins konnte ich mir nicht vorstellen. Vielleicht war ich nicht so weit und mußte mich noch ein paarmal verlieben, bis ich die Reife einer lebenslangen Liebe erreicht hatte? Ich war mir nicht sicher, ob es sich verwirklichen ließe, aber noch wollte ich den Traum von der 'ewigen' Liebe nicht aufgeben, die aus dem Verliebtsein heraus erwächst und immer wieder neues Verliebtsein hervorbringt.

Es ist schon merkwürdig. Jetzt, indessen meine Gedanken intensiv mit dieser Erinnerung beschäftigt sind, weil ich sie für andere niederschreibe, fällt mir etwas auf … Wieviele Nächte habe ich schon auf Indiens Bahnhöfen zugebracht? Und an die meisten kann ich mich gar nicht mehr erinnern. Doch all die Gerüche und Geräusche jener Nacht auf dem Bahnhof im vermeintlichen Madurei sind noch heute in meinem Gedächtnis lebendig, verdanken einzig diesem Gespräch über die Liebe und das Heiraten ihre Existenz. Sogar das Knarzen der Rattanliege hängt mir noch im Ohr …

Inzwischen sind fast zwanzig Jahre vergangen, und seitdem hat es viele Gespräche dieser Art gegeben. Die edle Gesinnung jenes älteren Herrn ist gewiß selten, noch seltener allerdings sind die schrecklichen Geschichten über Inderinnen, die trotz aller Vorsichtsmaßnahmen ihrer Eltern Mitgiftjägern zum Opfer fallen und kurz nach der Hochzeit beim Kochen in Flammen aufgehen. Berichte dieser Art kenne ich nur aus Zeitungen und von Leuten, die noch nie in Indien waren.

Der ältere Herr begann nun, sich selbst als Beispiel anzuführen und gestand, daß es bei ihm nicht anders gewesen sei wie bei seinen eigenen Kindern. Es gab nur einen kleinen Unterschied, damals durften sich die Brautleute vor der Hochzeit nicht einmal sehen. Heute sei man da schon viel moderner eingestellt und gestatte dem Paar, wenigstens für eine halbe Stunde allein zu sein, um sich für ein gemeinsames Leben zu entscheiden oder nicht. Während die halbe Verwandtschaft beider Familien draußen im Wohnzimmer Tee trinkt und voller Spannung das Ergebnis abwartet, unterhält sich das füreinander bestimmte Paar in der Abgeschiedenheit eines separaten Zimmers. In dieser halben Stunde soll es sich kennenlernen, um anschließend Ja oder Nein sagen zu können und es sogleich der ganzen Verwandtschaft mitzuteilen. Meistens sagten sie Ja, aber es kam durchaus vor, daß sie auch Nein sagten, sie hatten ja das Recht dazu.

Wie schnell sie sich entscheiden müssen, fuhr es mir durch den Kopf. Und er hatte seine Frau vor der Hochzeit wirklich nie gesehen, staunte ich ihn fassungslos an. Nein, er habe seine Frau erst nach der Hochzeit zum ersten Mal betrachten können.

Die Imagination entstand ganz von allein: Ich heirate einen Mann, den ich noch nie gesehen hatte und der obendrein von meinen Eltern ausgesucht worden war! In meinem Inneren tobte der Protest, die Horrorvision war perfekt.

Aber hatte ihm denn seine Frau auf Anhieb gefallen, fragte ich. Oder war er gar enttäuscht gewesen?

Übertrieb ich es mit meiner Neugier? Er schien nichts dagegen zu haben. Warum die Gelegenheit nicht nutzen?

Immerhin war mir bis dahin niemand begegnet, mit dem ich so offen über all dieses Dinge hatte sprechen können. Und dieser Mann gab sogar seine ganz persönlichen Erfahrungen preis.

Die Überlegung, ob ihm seine Frau gefiele oder nicht, hatte er nie angestellt, antwortete er freundlich. Er hatte sich lediglich gedacht: Das ist nun meine Frau!

Stutzend schaute ich ihn an. Eine kurze Pause entstand. Der Gedanke an den ersten Blick auf das eigene neugeborene Kind kam mir in den Sinn. Kein gesunder Mensch stellt sich hier die Frage, ob es schön sei und einem gefalle oder nicht! Und im Normalfall wird es auch vom ersten Augenblick an geliebt. Aber hat nicht die Natur in diesem Fall eigens dafür Duftstoffe entwikkelt? Zur Sicherheit, daß man nicht umhin kommt, dieses kleine Menschlein zu lieben und zu beschützen.

Offensichtlich bereitete es ihm Freude, über das Heiraten und die Liebe zu sprechen; wieder mit diesem Schmunzelblick fuhr er fort: »Wissen Sie, die Liebe entsteht ganz von selbst nach der Hochzeit und wächst dann immer weiter ..., so war es jedenfalls bei meiner Frau und mir.«

Tatsächlich wurde mir später bei all meinen weiteren Gesprächen über das Thema Heiraten immer wieder bestätigt, daß die Liebe wie von selbst nach der Hochzeit entsteht. Ja, mehr noch, das Paar, das sich nur ein einziges Mal für eine halbe Stunde teetrinkend sehen und sprechen durfte, fängt bald an, sich aus der Ferne ineinander zu verlieben. Bis beide zum Hochzeitstermin lichterloh füreinander entflammt sind, ohne daß sie sich in der Zwischenzeit auch nur ein einziges Mal getroffen hätten.

Es muß ein geistiger Reflex der Instinkte sein: Man ist füreinander bestimmt! Was für ein großer Gedanke, füreinander bestimmt sein ... Und schon setzt sich die Lovestory in Gang.

Dann hatten ihm also seine Eltern genau die richtige Frau ausgesucht, stellte ich schließlich fest. Lächelnd wiegte er auf indische Art seinen Kopf und meinte: »Oh ja, ich hätte mir keine bessere Frau selbst aussuchen können. Wir lieben uns noch heute und sind sehr glücklich miteinander!«

Was hat die Freiheit nur mit uns gemacht? Wir wählen nach strengsten Kriterien selbst aus, irren, suchen und wählen erneut, irren erneut, suchen und wählen wieder oder bleiben ohne Liebe zusammen, weil es so bequemer ist, weil es sowieso nichts bringt, weil es die Liebe ohnehin nicht gibt, weil es den passenden Partner nicht gibt, weil man kein Paar kennt, an dem man sich orientieren kann ...

Ließe sich die Idee von der Liebe erst auf Grund mangelnder Möglichkeiten auszuwählen in die Tat umsetzen? War es daher früher besser, weil einfacher? Einfacher, weil weniger Freiheit? Den Erzählungen meiner Großeltern zufolge, schienen ihre Beziehungen nicht besonders rosig gewesen zu sein.

Vielleicht führt die Suche nach einer Antwort viel weiter zurück, etwa in Steinzeitnähe, als die Berechnung von Zeit und Geld noch nicht existierte und der Mensch noch keine Minuten gezählt hat, sondern in Harmonie mit der Natur und den Gezeiten lebte, zeitlos, ganz mit dem Augenblick verwachsen ...

Der Buschmann aus der Kalahari zum Beispiel kennt in seiner Sprache kein Wort für 'schön'. Die Bewertungs-Skala, ob seine Frau schön sei oder nicht, existiert also in seinem Bewußtsein gar nicht.

Er liebt sie, weil sie seine Frau ist. Und sie ist nicht austauschbar. Genauso wenig wie sein Arm oder sein Kopf oder sein Kind.

One Minute IV.

… waren das etwa die ersten Anzeichen einer gefürchteten Tropenkrankheit?

Sie hatte davon gehört und in Abenteuer-Romanen und Biographien darüber gelesen. Schleichende Verblödung fraß sich wie ein endloser, hungriger Wurm in die Gedanken jener bedauernswerten Geschöpfe hinein, die allzu lange dem feuchten Dschungelklima ausgesetzt waren!

Cecilie erinnerte sich sehr wohl, meist begannen jene dramatischen Geschichten mit der Beschreibung eines paradiesischen Ortes.

Bis der Monsun kam!

Ja, die Vorboten erschienen stets im strömenden Tropenregen! Sie mußte an Garcia Marquez denken. Warum konnte er einem das tropische Grauen so meisterhaft zu Gemüte führen? Sie glaubte, sein Geheimnis zu kennen: Weil er den Wahnsinn mit aller Liebe zu inszenieren wußte …

Ich lasse das Buch auf meinen Schoß sinken. Wie lange warte ich schon? In den ersten Tagen oder Wochen oder Monaten… Wie lange bin ich eigentlich hier? Nicht wegen meiner hellen Hautfarbe fiel ich anfangs auf, sondern weil ich die Leute ernst nahm! Sie sagten einfach: ”One minute!”, und ich nahm sie beim Wort. Dann verschwanden sie und kehrten wer weiß wann wieder zurück.

… sie hatte es nie glauben mögen, daß Hitze und Schwüle einen so niederdrückten und jegliche Lust auslöschten, etwas Nützliches zu tun. Nun spürte sie am eigenen Leib, wieviel Energie es kostete, unter derartigen Bedingungen zu arbeiten. Und wie hatte sie die Einheimischen ausgelacht, in den höchsten Tönen! Sie hatten ihr weißmachen wollen, daß, wenn es einem auf den Kopf regnete, eine saftige Erkältung die Folge war.

Warmer Tropenregen? Das war wirklich nicht logisch. Alles, was sie meinte besser zu wissen, wurde ihr jetzt von den natürlichen Mächten vorgeführt, zwang sie zur Einsicht: Es ist genau so, wie es ist!

Zwei Erkältungen und eine längere Magenverstimmung hatte sie bereits hinter sich, eine dritte Erkältung war gerade im Anmarsch. Weil sie gestern am Abend im lauen Regen spazieren ging! Es war tatsächlich so. Wie war das möglich?

Wie sollte sie das begreifen?

Mit größter Anstrengung bewegte sie sich von einem Korbstuhl zum nächsten. Sie fühlte sich fiebrig und hatte doch kein Fieber. Ihre Nase war verstopft wie nie zuvor in ihrem Leben, zuzementiert mit einer dichten Masse, die ihr Angst machte, um so mehr, da sie in ihrem eigenen Kopf produziert wurde.

Man bereitete ihr Dampfwasser zum Inhalieren, was ihr nur vorübergehende Linderung verschaffte. Während sie vornüber gebeugt unter der Dampfdecke saß und versuchte, die mit allerlei tropischen Heilkräutern scharf gewürzte feuchte Hitze einzuatmen, glaubte sie allen Ernstes zu ersticken. Sie hatte Mühe, die Panik, die augenblicklich in ihr aufstieg, unter Kontrolle zu halten. So kannte sie sich selbst nicht mehr!

Man brachte sie zu einem AyurVeda-Arzt in der nächstgelegenen Stadt, wo sie nach fünftausend Jahre alten Methoden behandelt wurde. ‘Das Wissen vom Leben‘ heißt AyurVeda wörtlich übersetzt …

Träume ich? Die Lektüre entwickelt sich zur Verlängerung meiner Gegenwart! Seit gestern plagt auch mich ein hartnäckiger Schnupfen, weil ich in einem Anflug von guter Laune durch den strömenden Regen gelaufen bin! Und wie sehr habe ich es genossen, als es mir warm auf den Kopf regnete!

Es regnet und regnet, bestimmt hört es nie mehr auf. Nach dem Aufstehen gab es eine große Überraschung. Nun ist das Haus eine Insel, der Weg ein Bach, der Garten ein Teich, von

Rosen umrandet. Der Sandhaufen hinter dem Haus sieht aus wie ein kleiner Strand. Zufällig liegen auch ein paar ausgeschälte Kokosnüsse wie angeschwemmt dort. An dem Curryleave-Bäumchen hängt eine vergessene Plastiktüte aus sonnigem Gelb mit einem lachenden Strichmännchengesicht darauf gemalt, das eine Dusche in der Hand hält, und der Aufschrift 'Have a nice shower'!

... es regnete und regnete, als würde es nie wieder aufhören.

Lilykutti pochte aufgeregt an das Zimmer ihres Bruders. »Shingan! Shingan! Steh auf! Wir müssen etwas unternehmen, damit das Wasser ablaufen kann, schnell!«

Obwohl Cecilie kein Wort von dieser vorzeitlichen Urwaldsprache verstand, klang die an die Zimmertür gepochte Botschaft wie ein dringender Notfall in ihren Ohren. Sie spürte deutlich, daß das gemütliche Erwachen nun ein abruptes Ende haben würde.

Die Überschwemmung rund um das Haus war beeindrukkend. »So viel Wasser hatten wir noch nie im Garten!«, sagte Lilykutti ungläubig. Das Haus hatte sich zu einer Insel verwandelt!

Die ganze Familie stand ratlos an den Türen und Fenstern. Was konnten sie schon tun? Außer abwarten und aus Bananenstauden ein Floß bauen, damit sie zur Hauptstraße gelangen konnten.

Der AyurVeda-Arzt hatte Cecilie einen eigens zusammengestellten Kräutersud gegen Verstopfung verordnet und gemeint, wenn die Verdauung wieder in Fluß käme, würde sich auch die Nase wieder öffnen. So einfach!

Cecilie war verblüfft, für einen kurzen Moment hatte sie die Assoziation, ein Kind würde sie behandeln!

Wem in ihrer fortschrittlichen Heimat hätte sie das erzählen können? Wahrscheinlich würde sie es nicht einmal in dem Brief an ihre Freundin erwähnen. Bestimmt nicht! Aber auch aus einem anderen Grund: Sie fühlte sich faul und matt, zweifelte sogar daran, ob sie den Brief jemals zu Ende brachte. Jeder Handgriff war ihr zuviel …

Ich will es nicht glauben, springe auf. Das Buch ist verhext! Mit einem dumpfen Schlag fällt es zu Boden. Ist das die Möglichkeit?! Letzte Woche hatte ich mich endlich aufgerafft, meiner besten Freundin einen Brief zu schreiben. Er liegt immer noch unfertig da, eine jämmerliche Seite voll größter Anstrengung.

Vielleicht bin ich es, die verhext ist?

… seitdem sie dieses fremde Land betreten hatte, ging ein sonderbarer Prozeß in ihr vor. Sie beobachtete die Veränderung mit Unbehagen und Spannung. Und dennoch, über allem schwebte Gelassenheit.

Ihre Vorstellung von Dauer, Geschwindigkeit, Ablauf, kurz alles, was mit der Zeit zu tun hatte, fing an, sich auf merkwürdige Art und Weise zu verzerren. Allmählich verlor sie die Verbindung zu jeglichen Zeitverhältnissen, der großen sowie der kleinen Zeit. Sogar die innere Verbindung zu jener Welt, aus der sie stammte, schien brüchig zu werden.

Sie erinnerte sich an so vieles, dann wußte sie mit einem Mal nicht mehr, welcher Zeitepoche sie eigentlich angehörte, dem zwanzigsten Jahrhundert oder dem Mittelalter? Oder lebte sie gar in der Steinzeit …

Die Steinzeit! Schon im Geschichtsunterricht hat mich nichts anderes als die Steinzeit interessiert! Leider kam davon reichlich wenig vor. Für eine Minute in die Steinzeit reisen! Das wäre jetzt mein Verlangen. Ab sofort beginne ich, meine Vorstellungskraft zu beschwören.

Die Nachbarin kommt triefnaß durch die Toreinfahrt gewatet und stört meine Gedanken. In ihrem Gesicht liegt ein bekümmerter Ausdruck. Ihren Kopf hat sie mit einer gelben Plastiktüte vor dem Regen geschützt. Sie ruft nach Marykutti, bittet um Unterkunft, weil ihre Blätterhütte völlig unter Wasser steht. Die drei Kinder folgen ihr stumm, jedes hat ein kleines Bündel mit dem Nötigsten unter dem Arm. Marykutti rennt hinaus auf die Veranda, geleitet sie alle herein, wo bereits die Nichte und der Neffe und die Kusine mit ihren zwei Kindern Unterschlupf gefunden haben.

Ich sitze mittendrin im Tumult und bin doch ganz weit draußen. Wo ist die Steinzeit? Hier oder dort? Neben mir auf der Balustrade liegt die gelbe Plastiktüte, die die Nachbarin dort liegen gelassen hat. Ich sehe, daß etwas darauf gemalt und geschrieben ist: Das lachende Strichmännchengesicht kenne ich bereits.

... es geschah auf stille und unmerkliche Art. Mentale Wechselbäder tauchten sie ohne Vorwarnung in ein 'Heute', 'Morgen' oder 'Gestern'. Dann war sie völlig gefangen in dem jeweiligen Zeitelement wie in einem engen Raum, dessen Türen zuschlugen. Sie war getrennt von sämtlichen Außenräumen, wußte es und wußte es auch nicht. So wie sie nicht wußte, daß sie träumte, wenn sie träumte. Mußte sie nur aufwachen?

Bisweilen fiel es ihr wieder ein, wer und wo sie war. Augenblicke der Erkenntnis streiften sie. Flüchtig nur und doch genug, um sie zu verwirren. Sicherlich war es pure Einbildung, was sie meinte zu wissen! Hatte sich alles verdreht? Oder meinte sie nur, daß sich alles verdreht hatte?

Sie fragte sich, ob es nicht der größte Irrtum sei anzunehmen, es könne nur eine einzige Existenzmöglichkeit für einen Menschen geben. Vielleicht lebte sie mehrere? Warum nicht! Ein Leben in der Steinzeit, ein Leben hier, eines in der Zukunft!

Ach, es war ihr egal, wer und wo sie war, so wie jedem hier in diesem seltsamen, verzauberten Dschungelland.

Die Hälfte ihres Lebens war Cecilie hierher gereist. Warum ausgerechnet dieses arme, anstrengende Land mit solcher Macht auf sie einwirkte, war nicht Sache des Verstandes. Ohne das Phänomen erklären zu können, fühlte sie dort wie nirgendwo auf der Welt einen vertrauten Duft in ihre Nase wehen: Zeitlosigkeit! Auf sinnliche Weise erfuhr sie von der Existenz einer fernen Heimat, vage und verschleiert, am Rande ihres Bewußtseins. Und gerade als sie anfing, diese Eindrücke wahrzunehmen, tauchte sie mit all ihren Sinnen in diese Heimat ein, war weder aufzuhalten noch imstande, einen Bericht abzugeben.

Sie war immer eine Fremde gewesen. Dort, sowie in ihrer konkreten Heimat, wo sie drei Tage vor ihrer Abreise von einem alten Philosophen im Radio die Antwort auf ihr rastloses Umherziehen erfuhr: 'Nur wer sich seiner Heimatlosigkeit bewußt ist, wird zum Suchenden!'

Mit einem Schlag wußte sie: Nur ein Suchender kann finden!

Hatte nicht alles nur wegen einer Minute angefangen...

'One minute!', flüstern meine Gedanken, ohne daß ich es will. Die ganze Veranda ist verhext, das ganze Haus, die Gegend, dieses ganze Dschungelland!

Lautes Gekreische dringt aus den Wohnräumen. Es sind ausschließlich weibliche Stimmen. Es klingt nach einem heftigen Streit. Aber auf diese Täuschung falle ich heute nicht mehr herein, renne nicht mehr erschrocken in die Küche, und dann lachen mich alle an. So ist nun mal die Art, wie die Frauen hier kommunizieren. Vermutlich sind sie es seit der Steinzeit gewohnt, ungezügelt durcheinander zu schreien. Eine Art Wettbewerb um die kräftigste Stimme könnte hinter dieser ohrenbetäubenden Angewohnheit stecken. Wer die lauteste Stimme hat, siegt und wird gehört.

... wenn sich jemand überhaupt die Mühe macht, Zeit in Worte zu fassen, ist das immer eine Minute. Als würden sie überhaupt keine andere Zeiteinheit kennen. Cecilie erinnerte sich gleichmütig an ihre Eingewöhnungsschwierigkeiten und mußte verwundert feststellen, daß die Empörung stumm blieb ...

»One minute!«, hatte der freundliche junge Mann zu mir im Bus gesagt, der wegen einer Reifenpanne mitten auf der Strecke stehengeblieben war. Er deutete hektisch auf den schwach beleuchteten Teestand am Straßenrand, und ich verstand. Er war ein Passagier wie ich, und es waren die einzigen Worte, die er an mich gerichtet hatte. Da saß ich dann mit meinem ganzen Gepäck unter dem schmalen Vordach des Teestandes und trank Tee in der Hoffnung, der freundliche junge Mann würde recht bald mit einer Rikscha wieder kommen. Ich wußte nicht, wie mir geschah, als der Bus entgegen jeglicher Vorzeichen scheinbar wieder in Stand gesetzt davon fuhr. Ich war wie um mein Leben gerannt, aber der Fahrer hatte mein Schreien und Winken nicht mehr gesehen.

Es regnete in Strömen. Ich war klatschnaß.

Eine Minute bestimmte mein Schicksal!

Der junge Mann wollte eine Rikscha besorgen und kehrte nach einer Stunde mit seinem Neffen und einem Fahrrad zurück. Mit der Rikscha hätte ich den nächsten Busstand erreicht. Aber es war zu spät, die Rikschafahrer waren längst daheim und schliefen.

Ich könnte bei seiner Familie übernachten und am nächsten Tag weiterfahren. Mir blieb keine andere Wahl, als die Einladung anzunehmen.

Es regnete die ganze Nacht. Am nächsten Morgen stand alles unter Wasser. Die Hauptstraße war eine Schlammspur und die wenigen Busse, die vorbeikamen, hielten wegen Überfüllung erst gar nicht an. Marykutti schlug vor zu bleiben, bis sich das Wetter besserte.

Warum nicht? Das Haus ist trocken und die überdachte Veranda ein geeigneter Platz, um mit einem Jaya in der Hand im Korbstuhl zu sitzen und dem Regen zuzuschauen. Ein paar Tage Ruhe würden mir gut tun, ich könnte lesen und schreiben, und meinen Rückflug in zwei Wochen würde ich allemal erreichen.

… anfangs hatte Cecilie alle Zeitangaben ernst genommen und daher bestimmt schon Tage damit verbracht, auf das Ende einer versprochenen Minute zu warten.

Doch allmählich verdrehten sich die Dinge, hatten eine umgekehrte Wirkung auf sie. Sie überlegte schon lange nicht mehr, ob es an der Magie des Ortes lag. Oder an ihr?

Jeder hier lebte seine eigene Vorstellung von Zeit! Sie wußte nun, was das bedeutete …

Habe ich dieses Buch geschrieben? Wie sonst ließe sich dieser Spuk erklären? Ich habe mein Gedächtnis verloren, bin krank… Nein, ich träume! Das muß es wohl sein …

… sie fuhr hoch. Shingans Stimme hatte sie erschreckt. Sie hatte ihn nicht bemerkt, wie er die Veranda überquerte und nun bauchtief in der überschwemmten Toreinfahrt stand. Mit einem entschuldigenden Lächeln und der Geste größter Wichtigkeit rief er ihr zu: »One minute!« Dann drehte er sich um und durchwatete ohne Eile den Weg vor dem Haus, der nun ein breiter Fluß geworden war …

Ich kann nicht glauben, was ich lese. Sind das etwa die ersten Anzeichen der gefürchteten Tropenkrankheit, von der sie alle reden? In den Abenteuer-Romanen, in den Biographien? Schleichende Verblödung frißt sich wie ein endloser hungriger Wurm in die Gedanken! Wird der allzu lange Aufenthalt in dem feuchten Dschungelland zu meinem Verhängnis?

Garcia Marquez! Magier des tropischen Grauens! Ein Meister, weil er den Wahnsinn mit aller Liebe zu inszenieren weiß. Ich erinnere mich, als hätte ich es selbst erlebt. Das Drama hat seinen Anfang im Paradies! Es macht einen ganz schwindlig beim Lesen, verführt und gefüttert von wilder Natur und urwüchsiger Schönheit und überschäumender Leidenschaft, und schon tapst man in die Falle. Dann kommt der Monsun und schickt seine Boten in den warmen Tropenregen hinaus.

Nun kenne ich sein Geheimnis …

… sie ließ das Buch auf ihren Schoß sinken. Wie lange warte ich schon, fragte sie sich und blickte auf den steigenden Fluß in der Toreinfahrt …

Toten-Joseph

Die rostigen Eisentore vor der kleinen Marienkapelle von Paravoor ächzen in vertrauter Weise, so wie jeden Morgen, wenn Joseph sie langsam aufzieht.

Es ist noch nicht Tag und nicht mehr Nacht. Durch das Laubwerk der Bäume kann man ein zartes Glühen am Osthimmel erkennen. Stille überall, einzig gestört von dem Geschrei der langsam erwachenden Krähen. Die Hauptstraße führt direkt vor der Marienkapelle vorbei. Jetzt in dieser Stille wirkt der Asphaltstreifen, der schnurgerade Norden und Süden verbindet, wie eine verlassene Rennbahn.

Das Öffnen der Tore zur Marienkapelle ist Joseph's erste Tat am Morgen, und das rostige Kratzen der alten Eisenscharniere ist die erste Stimme des Tages, die zu ihm spricht. Seit vielen Jahren. Bisweilen glaubt er, darin seine eigene innere Stimme zu vernehmen … Sie wird auf einmal hörbar, will ihm etwas sagen, findet ihren Ausdruck und läßt sein Leben erklingen wie ein Lied: Sie besingt eine Einsamkeit, die von besonderer Art ist …

Joseph ist ein einfacher Mann. Er fühlt mehr, als er ausdrükken kann. Aber die Eisentore vor der Marienkapelle können es! Sie lassen sein ureigenes Lied ertönen, wenn er sie morgens öffnet und abends schließt. Sie sind die Stimme seines täglichen Gebets.

Er bete nicht wie die anderen Leute, antwortet er, wenn man ihn danach fragt. Das sei nichts für ihn! Zum Beten müsse man nicht unbedingt still stehen und die Hände falten! Er brauche dazu einen Besen und einen Eimer. Dann kehrt er den sandigen Vorplatz der Marienkapelle und übergießt die drei Treppenstufen mit ein paar Kübeln Wasser. Das ist seine Art zu beten!

Es war seine Idee gewesen, das zu tun. Niemand hat ihn dazu beauftragt. Damit erweist er der Heiligen Mutter Gottes seine Ehre. Die Leute im Dorf respektieren das sehr.

Die Sonne ist noch nicht aufgegangen. Die meisten schlafen noch oder stehen gerade auf, sitzen in ihren Hütten, bereiten das Frühstück vor, die Kinder erledigen die restlichen Hausaufgaben.

Der Rauch der Feuerstellen vermischt sich mit der Dämmerung. Die Hühner machen sich auf ihren ersten Spaziergang des Tages.

Joseph hat keine Feuerstelle und keine Hütte. Er lebt auf der Straße. Sein Zuhause ist der Treppenabsatz vor einem Teestand an der Hauptstraße. Von dem Teestandbesitzer hatte er vor zwei Jahren die Erlaubnis erhalten, hinter dem Holzkasten zu schlafen, in dem die Utensilien untergebracht sind. Für die nächtliche 'Aufsicht' erhält er jeden Morgen ein Glas Milchtee.

Dort steht er dann mit den anderen Männern des Dorfes, die hier auf dem Weg zur Arbeit ihren Morgen-Jaia einnehmen. Manche lauschen schweigend den Morgennachrichten aus dem Radio, einige plaudern miteinander, tauschen die neuesten Klatschgeschichten aus oder lesen die Zeitung. Niemand hat es eilig, hier kommt eins nach dem anderen. Es ist die stille Ordnung inmitten einer chaotischen Tropenwelt.

Joseph ist kein Bettler.

In seinem Leben hat er bereits die verschiedensten Hilfsarbeiterjobs verrichtet. Inzwischen ist er Ende vierzig, vielleicht auch schon fünfzig. Er weiß das nicht so genau, denn alles, was mit Zahlen und Zeit zu tun hat, nimmt er nicht wichtig. An seinem Aussehen läßt sich sein Alter auch nicht so leicht ablesen. Er ist groß, schlank, drahtig und mit seinen markanten Gesichtszügen könnte er ebenso gut ein sizilianischer Fischer sein.

Seit einigen Jahren sammelt er für einen AyurVeda-Shop in Alleppey regelmäßig Blätter, Kräuter, Borken und Wurzeln. Die Pflanzen kennt er alle auswendig. Er leiht sich dann ein Fahrrad aus, um die dicken Blätter-Bündel und den Sack voll Baumrinden in die Stadt zu befördern. Hin und wieder putzt er Straßenstände oder entleert Jauchegruben. Manchmal aber wirft sich jemand vor den Zug, dann wird er zum meistgesuchten Mann! Er ist der einzige der ganzen Gegend, der die zerfetzten Leichenteile aufsammelt. Niemand will so etwas anfassen, nicht einmal die betroffenen Verwandten, die ihn lieber dafür bezahlen, damit er es tut. Oft wird er auch direkt von der Polizei beauftragt, vor allem dann, wenn es keine Verwandten gibt.

Wenn die Einnahmen gut sind, kauft er sich in dem Liquor-Shop an der Kreuzung eine Flasche billigen einheimischen Rum und betrinkt sich bis zur Besinnungslosigkeit. Aber er wird daraufhin nicht gewalttätig wie manch anderer, sondern liegt dann schon besonders früh auf dem Treppenabsatz hinter dem Holzkasten des Teestandes und schläft seinen Rausch aus. Gleichgültig wie heftig sein Alkoholgenuß ausfällt, verschlafen kennt er nicht, und anderntags ist er pünktlich bei Anbruch der Dämmerung unterwegs zur Marienkapelle.

Während Joseph jetzt stumm neben den Männern an seinem Tee nippt, blickt er zu den großen Bäumen hinüber, die auf der gegenüberliegenden Straßenseite stehen und durch deren Laubwerk hindurch nun die erste Sonnenglut schreit. Wer nicht weiß, daß dort die Sonne aufgeht, könnte meinen, dort hinten sei ein Riesenfeuer ausgebrochen.

Aber jeder hier weiß ja, daß dort soeben die Sonne aufgeht!

Joseph ist heute nachdenklich gestimmt. In den letzten Tagen hatte er sich viel erinnert. Nicht freiwillig, seine Erinnerungen sind ihm zum Teil nicht wohlgesonnen, nein, es war ihm von außen nachgeholfen worden.

Sethu, der Künstler, war aus der Stadt zurückgekehrt und hatte ihm viele Fragen gestellt. Er schreibe an einer Geschichte über sein Dorf, hatte er ihm erklärt, und vielleicht drehe er darüber auch einen Film, später, denn jetzt hat er dazu kein Geld.

Joseph kannte Sethu bereits als kleinen Jungen. Schon damals war ihm seine Neugier und sein Interesse an den Menschen aufgefallen. Wie er selbst entstammt Sethu einer einfachen, jedoch kinderreichen Familie. Joseph hingegen hat nur eine Schwester. Obwohl es weit zurückliegt, kann er sich an den Jungen mit dem Wuschelkopf erinnern, der vor dem Kino Erdnüsse verkaufte und viele Fragen stellte. Und manchmal hatte er ihn alleine unter einem Baum sitzend angetroffen, wo er alles abzeichnete, was er um sich herum erblickte. Als Sethu älter wurde, beschloß er entgegen dem Willen seiner Eltern Künstler zu werden und verließ das Dorf, um in der Stadt zu studieren.

»Wie hat das eigentlich angefangen, Joseph?«, hatte Sethu ihn gefragt ...

»Oh, das ist lange her!«, gab Joseph zur Antwort, ohne sich die Mühe des Nachrechnens zu machen. Jeder hier weiß, daß seine Zahlenangaben je nach Tageszeit und Laune frei variieren.

»Das war noch vor meiner Ehe ...«, erinnerte er sich wieder.

Sethu fragte überrascht: »Du warst verheiratet?«

»Ja ... Aber das ist eine traurige Geschichte.«

»Das tut mir leid«, erwiderte Sethu mit betrübter Miene, »ist sie tot?«

»Sie ist nicht gestorben, sie hat mich betrogen«, sagte Joseph mit festem Blick in die Ferne. »Sie war keine gute Frau. Als ich eines Tages nach Hause kam, sah ich nur die vier Füße und wußte Bescheid ...«

Joseph hatte sie daraufhin verlassen und seitdem lebt er auf der Straße.

Daran findet er nichts Schlimmes. Sein gesunder Stolz läßt ihn das Leben auf der Straße mit Würde tragen. Daß er bereits zweimal verheiratet gewesen war, verschweigt er ohne Absicht. Es lohnt sich nicht, überhaupt daran zu denken. Aus jener ersten Ehe stammt sogar ein erwachsener Sohn, aber das ist eher ein Trauerspiel. Gelegentlich trifft er ihn rein zufällig auf der Straße, was jedoch kein Anlaß ist, auch miteinander zu reden.

»Willst du wieder heiraten?«, fragte Sethu.

»Ja, das würde ich gerne. Kürzlich habe ich sogar bei einer Familie vorgesprochen ...« Joseph berichtete in allen Einzelheiten, wie er die Frau in Punnapra auf dem Markt gesehen hatte, deren Mann drei Monate nach der Hochzeit gestorben war, und daß sie ihm gefiel.

Wenn ihre Familie zustimmte, würde er sie heiraten. Er habe nichts verheimlicht, nicht, daß er auf der Straße lebt und nicht, daß er derjenige ist, der sich um die toten Körper von Selbstmördern kümmert. »Das zu verheimlichen wäre wie Betrug«, meinte er abschließend.

Sethu lud ihn auf einen Kaffee ein. Es war schon spät, die Milch war längst ausgegangen. So saßen sie an dem nächtlichen Stand an der Hauptstraße und tranken schwarzen Kaffee mit Kaffeebröseln darin, versehentlich hineingeraten, weil das Sieb wohl nicht mehr das neueste war. Der Standbesitzer pumpte eifrig die Gaslampe in Hochform. Ein junger Mann betrat die Hütte und setzte sich neben sie auf die Bank. Auch er trank einen Bröselkaffee, und später aß er ein Chapati mit Erbsen. Er sprach nicht und lauschte ehrfürchtig der Unterhaltung zwischen Joseph und Sethu.

»Warum tust du das?«, fragte Sethu nach einer längeren Pause.

»Wer soll es sonst tun? Jemand muß sich doch um diese armen Toten kümmern! Weißt du, wenn es die Polizei tut, tut sie das mit Verachtung und Abscheu.« Er blies in sein Glas Kaffee und nahm einen Schluck.

»Egal wie sie aussehen«, fuhr er fort, »ich tue es mit dem größten Respekt! Ich bringe sie zur Leichenhalle ins Krankenhaus, und wenn sie keine Angehörigen haben, begrabe ich sie selbst auf dem öffentlichen Friedhof. Dafür bekomme ich von der Behörde einhundertfünfzig Rupees.«

Wieder entstand eine längere Pause. Diesmal war es Joseph, der sie beendete.

»Ich habe viel gelitten in meinem Leben ...«, begann er. »Mein Vater war ein einfacher Schreiner. Ich habe meine Eltern bereits in meiner Kindheit verlassen und wohnte in einer Bootsanlegestelle.

Jedesmal, wenn ich jemanden sah, der etwas zu essen bei sich hatte, lief ich hinter ihm her und bat um ein wenig Reis, ich bekam immer etwas.«

Joseph hielt einen Atemzug inne und schaute Sethu direkt in die Augen, als er weitersprach: »So habe ich gelebt! Ich kenne den Kampf des Lebens, deshalb mache ich diese Arbeit.«

»Normalerweise scheut ein Mensch so eine Arbeit«, wandte Sethu ein und musterte ihn mit einem direkten Blick, damit ihm auch ja keine ungesprochene Botschaft entging.

»Weißt du, ich habe in meinem Leben so viele Sünden begangen«, erwiderte Joseph und erklärte dann, welche Vereinbarung er mit Gott getroffen hatte: Fünf Prozent seiner Sünden würden ihm pro Leiche erlassen! Wenn er also mit dieser Arbeit fortfahre, seien ihm vielleicht eines Tages alle Sünden vergeben!

Sethu schüttelte ungläubig den Kopf. Welche Sünden er denn begangen habe, wollte er wissen.

Er habe nie jemanden bestohlen, beteuerte daraufhin Joseph, »... aber meinen Eltern wollte ich nie gehorchen.«

Sethu schmunzelte ihn überrascht an, mit diesem Geständnis hatte er nicht gerechnet.

Am nächsten Tag wanderten sie gemeinsam nach Kuttanad auf die Reisfelder hinaus, wo Joseph seine schlimmste Leiche geborgen hatte. Es war der Körper einer toten Frau, der dort bereits drei Tage im Fluß lag.

»Der Anblick war wirklich grauenhaft, die Gedärme quollen aus dem After heraus!«, sagte er mit einer andeutenden Geste und schilderte, wie er ins Wasser gestiegen war, wie er die Leiche in einen Sack gewickelt und in ein Boot geladen hatte und sie das letzte Stück zum Krankenhaus zu Fuß tragen mußte. Drei

Tage später, nachdem der Totenschein ausgestellt worden war, hatte er sie wieder abgeholt und zum Krematorium gebracht.

Der Weg zu dieser Stelle führte am Haus einer Familie vorbei, die er als seine Freunde bezeichnete. Sie empfingen ihn herzlich, als sie ihn mit Sethu sahen. Joseph kam oft hierher, um in ihrem Garten die Blätter für den AyurVeda-Shop zu pflücken. Alle waren sie aus dem Haus gekommen und standen nun im Hof, sogar der greise Großvater und die Tochter mit ihrem neugeborenen Kind auf dem Arm. Und da stellte er sich dann neben sie und gestand Sethu, wieviel sie für ihn getan hatten und wieviel sie ihm bedeuteten.

Joseph staunt über sich selbst. So etwas hat er nie zuvor ausgesprochen! Nachdenklich nimmt er einen langen Schluck von dem Milchtee. An diesem Morgen kommt ihm alles ein bißchen anders vor als sonst. Es fällt ihm auf, daß er heute mit niemandem am Teestand spricht. Die Erinnerungen halten ihn in Bann. Unmerklich schüttelt er den Kopf, fühlt eher, wie er den Kopf schüttelt, und folgt wie einem Film, was in den letzten Tagen gewesen war…

Als sie zu den Reisfeldern unterwegs waren, steuerte Joseph noch eine andere Hütte an, die leider verriegelt war. Anscheinend war die Familie gerade verreist, denn rundherum sah es ziemlich aufgeräumt aus. Er hätte sie Sethu gerne vorgestellt.

Für eine Weile setzten sie sich auf die Schwelle vor der Tür. Es war ein schöner Fleck. Zur linken Seite floß ein kleiner Bach vorbei, umwachsen mit wildem Dschungelgrün, und zur rechten Seite öffnete sich eine weite Aussicht auf die Reisfelder.

»Ich kenne wirklich viele Menschen, die mich lieben und die mir helfen …«, sinnierte Joseph in die Stille und schaute Sethu unvermittelt an. »… aber es gibt auch Leute, die mir ins Gesicht spucken und rufen: Da kommt der Toten-Joseph, der Kadavermann! Einige Shop-Besitzer geben mir nicht einmal ein Glas Wasser. Aber wenn einer ihrer Verwandten oder Freunde zu Tode kommt, bin ich es, der die unansehnlichen Körper wegräumt!«

Zorn klang in seiner warmen Stimme.

»Bekümmert dich das sehr?«, fragte Sethu.

»Ja, das alles macht mir schon zu schaffen!«, antwortete Joseph mit traurigen Augen. »Es gibt keinen Gott, den ich noch nicht angerufen habe deswegen.«

Sie standen auf und im Weitergehen sagte Joseph: »... ich glaube an Gott!«, und ein paar Schritte weiter fügte er hinzu: »Gott ist der einzige Schutz und Trost für einen Menschen wie mich.«

Sethu ging schweigsam hinter Joseph her, dessen letzter Satz ihn nachdenklich stimmte. Durch seine Armut und seine Einsamkeit war Joseph gezwungen, bei Gott Zuflucht zu nehmen, durchfuhr es ihn, und er überlegte: War Joseph in diesem Punkt nicht weit im Vorteil gegenüber den anderen Menschen?

Bei der großen Wiese rannte Joseph ins feuchte Gras. Er hatte ein bizarres Geäst entdeckt, das wie ein monströses Hirschgeweih aussah. Auf seinen Kopf gesetzt, begann er zu gestikulieren und sonderbare Geräusche zu machen, eben so, wie er sich vorstellte, wie sich ein Hirsch mit einem solchen Geweih benahm. Sethu schüttelte sich vor Lachen, Joseph hatte ja in seinem ganzen Leben noch keinen Hirsch gesehen.

Als sie an der Stelle angekommen waren, die er Sethu zeigen wollte, hockten sie sich an der Uferböschung nieder und schauten lange über den Fluß.

»Warum die Selbstmordfälle wohl immer mehr werden?«, überlegte Sethu laut.

»Ja, schrecklich! Vor zwei Monaten hat sich ein Junge an einem Cashewnuß-Baum erhängt, der Sohn eines Schneiders aus der Gegend. Der Grund dafür waren finanzielle Schwierigkeiten! Ich ging hin, um den Körper vom Ast zu holen, und da fand ich einen Brief in seiner Hosentasche, in dem stand: Für diesen Tod sind meine Familienmitglieder nicht verantwortlich!

Nach diesem Vorfall ereigneten sich drei Unfälle auf der Eisenbahnstrecke ...«

Sethu hörte gebannt zu. Diese Dinge interessierten ihn. Erst kürzlich hatte er aus einer Statistik der Weltgesundheitsorganisation 'WHO' erfahren, daß sein Heimatland Kerala im Vorjahr den zweiten Rang der Selbstmordfälle auf der Weltskala einnahm. Obwohl er etliche Fälle von Freitod in seinem Umfeld kannte, war er dennoch entsetzt über dieses Ergebnis.

Er wiegte den Kopf hin und her, so wie es die Inder zu vielen Anlässen tun. Sogar einige Freunde aus seinem Künstlerkreis hatten den Tod ihren irdischen Sorgen vorgezogen. Bisweilen vermutete er, die Künstler seien am meisten davon betroffen. Denn häufig war nicht nur der Anfang ihres Künstlerweges mit Ignoranz und Diskriminierung gespickt. Viele scheiterten am Druck der eigenen Familie, was die Sensiblen nicht überlebten. Schließlich fragte er: »Sag mal Joseph, träumst du manchmal davon?«

»Wenn ich träume, knirsche ich fürchterlich mit den Zähnen, bis meine Lippen bluten, dann wache ich auf ...«

»Passiert das jeden Tag?«

»Oft!«

»Passiert es, bevor du mit den Toten zu tun hast oder danach?«

»Es passiert nie davor, immer danach ...«, Joseph starrte für einen Moment wie gebannt auf die Stelle vor sich im Wasser, dorthin, wo er einst die Wasserleiche herausgeholt hatte.

Von Zeit zu Zeit plagten ihn schlimme Alpträume, gestand er mit einem langen Seufzer. Er sah sich dann auf den Bahngleisen, bei Nacht, wie er zerschmetterte Leichenteile zusammenklaubte und versuchte, sie wieder zusammenzusetzen, es machte ihm Angst, besonders, wenn er versuchte, die Teile des Gesichts zusammenzufügen. Und noch unheimlicher war ihm zumute, wenn er spürte, wie einige der toten Körper langsam näherkamen und neben ihm stehen blieben...

»Einmal habe ich von dem Jungen geträumt, der sich am Ast eines Cashewnuß-Baumes aufgehängt hat. Ich knirschte so schlimm mit den Zähnen, bis ich blutete und öffnete meine Augen. Da saß der Junge direkt vor mir und sagte: 'Joseph, ich bin bereit, dir immer zu helfen!' Der Junge war so freundlich ... Aber das war nur ein Traum!«

Joseph lachte verlegen und rückte Sethu vertraulich näher. Mit einem Sinn für Pathos legte er die rechte Hand auf seine Brust und sagte: »Auch wenn ich weiß, daß das Träume sind, fühle ich tief in mir drinnen etwas Wahres!« Auf einmal wurde seine Stimme deutlich leiser. »Wenn ich nachts alleine nach Paravoor zurücklaufe und am Friedhof vorbeikomme, ist mir jedesmal unheimlich. Dann spreche ich einfach die Namen der Toten aus, die ich schon geborgen habe, und bitte sie um Schutz ... Ich erreiche immer sicher Paravoor, nicht ein einziges Mal habe ich eine gefährliche Situation erlebt!«

Ohne seine toten Beschützer wäre ihm längst etwas Schlimmes zugestoßen! Davon war er fest überzeugt.

Zuweilen knirschte er während des Schlafes so laut mit den Zähnen, daß es jemand hörte und ihn daraufhin aufweckte. Trotzdem würde er niemals mit dieser Arbeit aufhören, beteuerte er. Obwohl seine Familie mißbilligte, was er tat, fuhr er damit fort.

»Was ich meine, ist«, begann er nun mit aufgerichteter Miene, »ich tue es für meinen Ort und für mein Land. Egal wer stirbt oder wie er zu Tode kommt, selbst, wenn man mir deswegen keine Frau gibt, werde ich weitermachen! Weil ich die Verantwortung habe, da zu sein, wo immer sich ein tödlicher Unfall ereignet.«

»Hast du jemals jemanden getroffen, der dieselbe Arbeit verrichtet wie du?«, wollte Sethu wissen. Je länger er Joseph's Lebensgeschichte lauschte, desto spannender fand er sie. Damit hatte er nicht gerechnet.

»Ja, mein Freund Sugathan!«, antwortete Joseph lächelnd.

»Wo ist er?«

»Im Universitäts-Krankenhaus.«

Wie verabredet standen sie gleichzeitig auf und mußten über diesen Zufall lachen.

»Es ist wohl Zeit«, sagte Joseph mit einem Blick nach Westen. »Die Sonne geht bald unter, und hier draußen in Kuttanad gibt es noch keine Straßenbeleuchtung wie in der großen Stadt.«

Er ging voran und kicherte plötzlich. Einmal war er hier nachts in totaler Finsternis und stockbesoffen zur Hauptstraße unterwegs gewesen. Zumindest hatte er es probiert! Jedenfalls wachte er anderntags schlammbesudelt und ganz woanders auf und verbrachte den Rest des Tages damit, wieder zurückzufinden.

Belustigt gab er sich dieser Erinnerung hin und vergaß darüber ganz, daß er in Begleitung war.

Plötzlich rief Sethu von hinten, und sein Vergangenheitstraum zerplatzte in Sekundenschnelle. »Hast du auch während deiner Ehe diesen Job gemacht?«

»Nein, aber davor, ohne das Wissen meiner Familie!«, antwortete Joseph und wandte ständig seinen Kopf nach hinten, um Sethu beim Sprechen anschauen zu können. »Und danach!«, rief er mit einem langen Seufzer aus und klatschte in die Hände. »Oh je!! Wieviele Menschen allein in dem Wartehäuschen an der Hauptstraße starben! Die alten Bettler kommen hierher und warten dort auf den Tod ...«

Joseph hatte all die toten Körper geborgen. Wann immer die Polizei ihn rief, ging er hin. Auch spät nachts. Zu jeder Zeit!

Je länger er sich an all diese Dinge erinnerte, umso deutlicher spürte er, wie sehr es seine Pflicht war, diese Arbeit zu tun.

»Gehst du eigentlich zur Kirche?«, fragte Sethu. Sie überquerten gerade eine der vielen Holzbrücken, die in dieser wasserreichen Gegend über die zahllosen Wasserarme führen. Für einen Moment blieben sie in der Mitte stehen.

»Ich mache jeden Morgen den Vorplatz und die Treppenstufen der Marienkapelle sauber …«, Joseph hielt kurz inne und schaute Sethu geradewegs ins Gesicht. Dann sagte er: »Das ist mein Gebet! Deshalb bekomme ich auch, wo immer ich darum bitte, wenigstens zehn Rupees.« Er ging langsam weiter …

Während er jetzt seinen Tee trinkt, an diesem Morgen, an dem ihm alles so anders erscheint, geht ihm jenes Gespräch mit Sethu nicht mehr aus dem Sinn. Noch einmal sieht er, wie er die Stufen des Brückchens hinunterstieg, und fühlt auch jetzt genau, wie er sich dort gefühlt hatte, als er sagte: »Nur mein Glaube hat mich so weit geführt …«

Als sie die Hauptstraße erreichten, war es inzwischen dunkel geworden. Sie beschlossen, an dem Stand noch einen Jaia zu trinken. Joseph war außerdem hungrig. Er braucht seine regelmäßigen Mahlzeiten, anders als Sethu, der von dem jahrelangen Aufenthalt in der Stadt mittlerweile ungesundere Gewohnheiten angenommen hatte.

Indessen sie auf das Essen und den Milchtee warteten, unterhielten sie sich über die guten und die schlechten Menschen, die es in dieser Welt gibt.

»Weißt du«, begann Joseph zu erklären, »es gibt Leute, die kann ich nicht begreifen. Kürzlich ist dieser schlimme Selbstmord passiert. Eine junge Frau hat sich wegen eines Familienzwistes vor den Schnellzug geworfen. Das sah sehr schlimm aus. Die entsetzten Angehörigen konnten nicht einmal hinschauen. Ich kann dir morgen die Fotos zeigen, der Fotograf hat noch welche. Als ich den Sack mit den verstümmelten Körperteilen nach der Registrierung im Universitäts-Krankenhaus zur Familie zurückbrachte, bekam ich gerade mal hundert Rupees mit dem Versprechen, den Rest später zu erhalten … Ich habe seither niemanden mehr von der Familie getroffen! Wenn ich hingehen würde, um danach zu fragen, würden sie nicht einmal mit mir reden …«

Joseph brach ab, zuckte mit den Schultern und seufzte: »Das

geht oft so. Keiner der Verwandten traut sich, diese Toten anzufassen. Sie drehen sich angewidert weg und überlassen mir die ganze Arbeit. Dafür geben sie mir manchmal nur zehn oder fünfzig Rupees und verschwinden einfach. Sie sagen zwar, sie wollen mir später noch mehr geben, aber sobald sie mich sehen, drehen sie sich um … Wenn ich mich um die Leiche eines Unbekannten kümmere, dessen Verwandtschaft nicht vorhanden oder unauffindbar ist, erhalte ich von der Polizei zuverlässig einhundertfünzig Rupees …«

Joseph unterbrach wieder, zündete sich ein Beedi an und schien nachzudenken, dann hellte sich sein Gesicht auf. »Da gibt es einen Mann auf der Behörde namens Kunjukunju. So eine Person habe ich nie in meinem Leben gesehen! Als ich damals wegen der Wasserleiche nach Ikkarachira kam, gab er mir fünfhundert Rupees im voraus. Stell dir vor, noch bevor ich einen Finger rührte! Er ist ein guter Mensch …«

Der Standbesitzer stellte das Essen vor Joseph hin, der unmittelbar sein Erzählen einstellte. Bevor er aber anfing zu essen, sagte er abschließend: »Ich gebe nicht viel auf Geld, weil ich die Menschen nur durch meine beiden Augen anschaue!« Er deutete mit Zeige- und Mittelfinger der rechten Hand auf seine Augen, die sogleich einen Hypnoseblick annahmen. Dann begann er mit den Fingern das Parotha zu zerpflücken und meinte: »Wo immer ich bin, wenn ich Hunger habe, bekomme ich genügend zu essen. Ich brauche nicht zum Stehlen zu gehen! Darum mögen mich die meisten Leute hier, bis auf diese antisozialen Elemente, die mir ins Gesicht spucken und 'Toten-Joseph!' nach mir rufen.«

Er aß zügig, denn er war sehr hungrig.

Nachdem er die zwei Parothas mit scharfem Bohnencurry verspeist hatte, holte er sich ein Glas Wasser und spülte sich damit vor der Hütte den Mund aus. Dann wusch er seine rechte Hand, wischte sich mit einem Zipfel seines Lungis ab und kaufte sich eine Zigarette, die er sogleich an der glimmenden Schnur neben dem Stand anzündete. Jemand rief seinen Namen. Er drehte sich um. Ein Bekannter fuhr auf dem Fahrrad vorbei und forderte ihn auf, seine Rauch-Kunststücke vorzuführen. Joseph lachte schüchtern.

Aber die Hemmschwelle für Dummheiten ist nie groß. Wagemutig stülpte er das brennende Ende der Zigarette nur mit Hilfe der Lippen in den Mund, den er blitzschnell schloß. Nun sah man zwischen den zusammengepreßten Lippen den Zigarettenfilter, durch den es rhythmisch heraus qualmte wie bei einer kleinen Dampf-Lok. Das ganze konnte er auch umgekehrt. Das brennende Ende mit den Lippen wieder herausstülpen und durch normales Weiterrauchen demonstrieren, daß die Zigarette keinen Schaden erlitten hatte.

Ein paar Passanten blieben stehen und schauten ihm amüsiert zu. Er grinste vor Vergnügen und wiederholte sein Kunststück solange, bis sein Publikum die Aufmerksamkeit verlor und weiter seines Weges ging.

Am nächsten Tag trafen sie sich bei den Bahngleisen, wo sich die junge Frau vor den Schnellzug gestürzt hatte. Joseph deutete auf all die weißen Kreidezeichen auf den Planken, die er bei den Unfällen immer machte. Kreise, Kreuze, hier hatte der linke Arme gelegen, dort ein Bein, da drüben der zerrissene Sari der jungen Selbstmörderin mit blutigen Fleischfetzen daran, dort ein paar Finger, genau hier bei dem Kreidekreis der Rumpf mit dem Kopf, der skalpiert worden war, die Haare ein Stück weiter weg …

Mit befremdlicher Sachlichkeit beschrieb er, welcher Anblick sich ihm hier vor zwei Monaten geboten hatte; und was in Worten zu schrecklich, nicht aussprechbar war, ersetzte die Bildhaftigkeit seiner Gesten. Sein Gleichmut verblüffte Sethu. Ganz im Bann jenes tragischen Ereignisses hörte er zu und war nicht fähig, etwas zu sagen. Es war das erste Mal für ihn, so nah am Ort des Geschehens Zeuge von Joseph‘s Bericht zu sein.

An einer anderen Stelle, wo drei Wochen zuvor eine alte taubstumme Frau umgekommen war, weil sie den Zug nicht ge-

hört hatte, setzten sie sich ins Gras der Böschung und ließen ein paar Züge vorbeirauschen.

Gemeinsam versuchten sie sich zu erinnern und zählten die Unfälle und die Selbstmorde auf, die sich entlang dieser Bahngleise in den letzten Jahren ereignet hatten. Joseph rauchte ein Beedi. Sethu warf kleine Steinchen. Mit einem leisen 'Klack' fielen sie auf den Schotter des Bahndamms. Der Takt ihres zarten Aufpralls war bestimmend und befreiend zugleich und fegte für eine ganze Weile ihre Köpfe leer.

Irgendwann hörten sie ein wimmerndes Ziepen und entdeckten unweit entfernt im Gras ein Krähenjunges, das dort hockte und piepte.

»Schau, die Krähe dort!«, sagte Joseph und deutete mit der Hand in die Richtung.

»Ja, eine junge Krähe, sie muß verletzt sein«, folgerte Sethu.

»Wenn ich sie berühren würde, um ihr zu helfen, kämen alle großen Krähen angeflogen und würden mich angreifen!«

»Arme Krähe ...«

Nach einer Weile überlegte Sethu laut: »Gab es da nicht einen Mann, der zeitlebens von Krähen verfolgt wurde?«

Joseph nickte: »... weil er Palmen gefällt hat, auf denen Krähennester waren ...«

Er erinnerte sich sehr wohl, es war eine aufsehenerregende Geschichte gewesen.

»Das ist schon lange her«, sagte er. »Es waren Junge in den Nestern. Dieser Mann wußte das zwar, aber was sollte er tun? Er hatte den Auftrag, die Palmen umzuhacken. Ich glaube, er hat darüber gar nicht nachgedacht ... Jedenfalls hat das die Krähen ganz verrückt gemacht, sie kamen daraufhin aus der gesamten Gegend angeflogen und haben den Mann angegriffen. Seitdem hat er keine ruhige Minute mehr gehabt. Er konnte keinen Schritt tun, weil ständig ein paar Krähen vor seiner Hütte Wache hielten und sich, sobald er herauskam, auf ihn stürzten ...«

»Ja, diese Geschichte habe ich auch gehört«, erwiderte Sethu und fragte dann: »Wie ist sie eigentlich ausgegangen?«

»Einmal nachts schlich der arme Mann hinaus und floh in die Berge, wo Verwandte von ihm lebten. Aber nach wenigen Tagen nur hatten ihn die Krähen auch dort aufgespürt ...«

Eine Frau mittleren Alters trat auf sie zu. Joseph hatte ein paar Kinder nach ihr geschickt. Sie wohnt in der Hütte wenige Meter neben den Gleisen und konnte daher erzählen, wie es vor sich gegangen war, drei Wochen zuvor ... Sie war an jenem Abend die einzige Zeugin gewesen, und ihr Sohn hatte sofort die Nachbarschaft benachrichtigt, um schnellstmöglich Joseph aufzutreiben.

Mit kummervollem Blick berichtete sie in knappen Sätzen, was sie gesehen hatte. Es klang wie heruntergeleiert. Sethu dankte ihr freundlich und schonte sie mit weiteren Fragen.

»Die Frau war nicht sehr gesprächig«, stellte er anschließend fest, nachdem diese Frau wieder in ihrer Hütte verschwunden war.

»Wahrscheinlich hat sie das schon zu oft erzählen müssen!«, meinte Joseph.

Auf dem Rückweg zur Hauptstraße sprachen sie nichts, stumm gingen sie nebeneinander her. Sie hatten noch an einer anderen Unglückstelle vorbeigeschaut und einfach nur wortlos die Kreidezeichen auf den Planken der Bahngleise betrachtet.

Am Nachmittag war Joseph mit anderen Dingen beschäftigt. Er hatte erfahren, daß jemand einen Baum im Garten gefällt hatte, dessen Rinde er für die AyurVeda-Pharmazie abschlagen wollte.

Er lieh sich ein Fahrrad aus und Sethu lief hinterher, weil er Fotos von ihm machen wollte.

Das war schon seltsam für Joseph. Er hatte als kleiner Statist in großen Filmen neben dem berühmten Mohan Lal gestanden, aber das hatte ihn nicht so bewegt wie das Interesse, das Sethu ihm entgegenbrachte.

Auf der Straße blieben die Passanten stehen. Im Nu war ein Auflauf entstanden. Alle umringten ihn und glotzten ihn an, als täte er hier etwas Außergewöhnliches. Wie oft hatte er hier in Punnapra irgendwo am Straßenrand die Rinde von einem Stamm abgezogen? Und niemand hatte auch nur Notiz davon genommen!

Diesmal wurde er dabei fotografiert! Das war der Grund.

Bevor er den gefüllten Sack in die Stadt fuhr, tranken sie in der Nähe einen Kaffee. Es gab ein kleines Bänkchen vor dem Stand, auf dem nahmen sie Platz.

Joseph sagte auf einmal ohne jeglichen Zusammenhang: »Wenn mir das Krankenhaus eine Stelle in der Leichenhalle anbieten würde, würde ich sofort annehmen!«

Er erhob sich kurz, um sich beim Standbesitzer eine Zigarette zu kaufen, und meinte: »Weißt du, Sethu, mit Gottes Gnade hatte ich bis gestern keinerlei Probleme zu überleben. Solange ich zwei Hände habe, werde ich nicht verhungern. Aber die Dinge von morgen liegen in Gottes Hand … Egal, was wir tun müssen, um satt zu werden, selbst wenn uns nichts anderes übrig bleibt, als den Kot anderer Leute wegzuräumen, sollten wir niemals stehlen; wenn man nämlich einmal 'Dieb' genannt wird, ist man ausgeschlossen … Doch von einem 'Kadaver-Mann' sagen die Leute, daß er davon lebt …«

Der Standbesitzer hatte gerade Bananen fritiert und hielt ihnen jetzt einen dampfenden Teller hin. Jeder nahm sich eine.

»Oh, ist das heiß!«, stöhnte Sethu und nahm sich von der Theke ein Stück Bananenblatt, auf dem er die fritierte Banane zum Kühlen ablegen konnte. »Was macht eigentlich deine Schwester?«, fragte er und testete mit einem vorsichtigen Biß die Temperatur.

»Sie ist Straßenkehrerin in Chengannur«, antwortete Joseph, dessen Finger nicht so empfindlich waren wie die von Sethu. »Ihr Sohn kommt morgen hierher, um am Nachtgebet im I.M.S. teilzunehmen.«

»Könntest du nicht bei ihr wohnen?«

Joseph schaute Sethu entrüstet an. »Das ist unmöglich! Es ist nur eine kleine Hütte. Wenn ich dort wohnen würde, wäre das womöglich problematisch. Warum sollte ich Schwierigkeiten bereiten? Hier in Paravoor habe ich so viele Menschen, die mich lieben und verstehen!«

Ob er auf der Straße schläft oder im Büro der kommunistischen Partei, der er angehört, niemand belästigt ihn, auch nicht die Polizei. Darauf ist er stolz, denn es ist sein Verdienst. »Für die Polizei ist es wichtig zu wissen, wo ich schlafe.«

Wenn er unterwegs ist auf der Suche nach medizinischen Pflanzen, rufen die Leute: »Joseph Chettan, du kannst dir soviel nehmen wie du brauchst!« Er hat viele Freunde unter den Farmern.

»Alle Frauen sind meine Mütter und Schwestern«, sagte er voller Ernst. Nein, er kann nicht weg von Punnapra, das weiß er schon lange. Seine guten Beziehungen rührten von seiner Vergangenheit her, über die Zukunft ließe sich allerdings nichts voraussagen.

Dann erhob er sich, es war Zeit. Er mußte die Baumrinden in die Stadt bringen.

»Du klingst sehr zufrieden mit deinem Leben«, sagte Sethu und hielt seine Hand für einen Augenblick fest.

»Ja, ich bin glücklich!«, antwortete Joseph kopfwackelnd, schwang sich auf das schwer beladene Fahrrad und fuhr davon...

Es geschah wie jeden Morgen und doch erschien ihm alles anders heute ...

Es war noch fast finster, als er sein Schlaflager verließ und die ausgestorbene Hauptstraße entlang ging. Langsam wurde es hell. Die Vogelstimmen waren voller Leben. Als er die rostigen Eisentore zum Vorplatz der Kapelle aufzog, stutzte er. Auch das Quietschen hatte diesmal einen ganz neuen Klang! Und zugleich war es ihm vertraut. Es gehörte ihm und der Heiligen Maria, war seine eigene Stimme, die mit ihr sprach, sein Gebet ...

Diesmal jedoch fühlte es sich an, als hätte ein kleiner Sonnenstrahl Licht auf sein bescheidenes Leben geworfen!

Sobald er mit dem Kehren des Vorplatzes der Marienkapelle fertig war, ging er wieder zurück zu seinem Schlafplatz, der inzwischen zum Teestand umgebaut worden war. Es herrschte bereits Hochbetrieb …

Der Kocher zischt unentwegt und der Teestandbesitzer hat alle Hände voll zu tun.

Joseph steht mit seinem Glas Milchtee etwas abseits, um mit seinen Gedanken allein zu sein, und da fällt ihm plötzlich etwas ein. Die allererste Frage, die ihm Sethu vor ein paar Tagen gestellt hatte, war bisher unbeantwortet geblieben!

»Wie hat das eigentlich angefangen, Joseph?«, hatte Sethu gefragt.

»Oh, das ist lange her«, hatte er geantwortet, ohne sich die Mühe des Nachrechnens zu machen.

Nun überlegt er. Waren es vier Jahre? Nein. Zehn? Oder noch mehr?

Es erscheint ihm jedenfalls lange her, als er damals im Universitäts-Krankenhaus gewesen war, um für sich ein Medikament zu besorgen. Zufällig bekam er mit, daß eine alte Frau gestorben war, die keine Angehörigen hatte. Niemand fühlte sich für ihren Leichnam verantwortlich und wollte sie beerdigen. Keiner!

Joseph hatte Mitleid mit der einsamen, alten, toten Frau und begrub sie ohne Zögern wie ein Sohn auf dem öffentlichen Friedhof.

Das war sein allererster Fall gewesen …

Am Nachmittag würde er Sethu zu Hause besuchen, das hatten sie gestern ausgemacht. Sethu hatte ihn gebeten, ihn malen zu dürfen. Niemand hat Joseph bisher gemalt!

Dann würde er es bestimmt nicht vergessen und ihm den Anfang der Geschichte vom 'Toten-Joseph' erzählen…

Glossar

Anieti-malayalam	'kleine Schwester' Cheaji:'große Schwester'
Auto-Rikscha	motorbetriebenes Transportmittel auf drei Rädern, das billigere Taxi, nach europäischen Gesichtspunkten für etwa drei Passagiere geeignet.
AyurVeda	Sanskrit: Wissen des Lebens. 5000 Jahre alte Heilkunst, ausgehend von 5 Grundelementen: Feuer, Erde, Wasser, Luft, Äther; basierend auf 3 physiologischen Prinzipien oder Temperamenten: Feuer, Schleim, Wind, mit denen sich alle körperlichen Funktionen beschreiben lassen.
Beedie	kleine Zigarette, die nicht aus Papier, sondern aus einem getrockneten Blatt handgedreht und mit einem dünnen Faden zusammengehalten wird.
Chapati	Fladenbrot aus Weizenmehl
Chutney	eine Art scharfer Kokusnußbrei als Beigabe zu verschiedenen Fladen-Gerichten, z.B. Dosai, und Vorspeisen.
Chettan	malayalam: 'großer Bruder' (Aniyan: 'kleiner Bruder')
Current-Cut	engl.: Stromausfall/-unterbrechung. Bezeichnet die von der Regierung als Sparmaßnahme geplante Unterbrechung der Stromversorgung für ca. eine halbe Stunde täglich um die gleiche Zeit, im Gegensatz zum Current-Failure, dem unvorhergesehenen Stromausfall von unbestimmter Dauer!
Curry	scharfe Gewürzmischung, die in indischen Haushalten täglich frisch auf dem Mahlstein zubereitet wird
Dal	ein Hindiwort, das Linsen, Bohnen und Erbsen bezeichnet
Dosai	dünner Pfannkuchen aus Reis- und Bohnenteig, der wie ein Crêpe auf einer erhitzten Platte gebraten wird.
Guru	ein indisches Wort für Lehrer, meist religiöser Lehrer

IMS	engl.: Indian Missionary Society! Das ist eine indische Missionsgesellschaft, die Betwochen, -wochenenden, -abende, sogenannte Retreats, z.B. für Paare, Jungfrauen etc. organisiert.
Indian Coffee Hause	(eng.) Indisches Kaffee Haus, eine Kaffeehaus-Kette, die in ganz Südindien verbreitet ist. Das Besondere: Der Kaffee ist sehr gut und die Ober tragen eine Art Maharajatracht.
Jackfrucht	Riesenfrucht eines Urwaldbaumes mit stacheliger, dicker Schale (gewöhnlich 10-15kg schwer, manchmal bis zu 20kg), in unreifem Zustand als Gemüse verkocht, ausgereift auch als Obst roh gegessen.
Jaia oder Chai	ausgesprochen: Tschei(a), stark gesüßter Tee mit Milch und Gewürzen
Junction	engl.: (Straßen-)Kreuzung, ist wie viele englische Worte in den indischen Sprachschatz integriert
Kerala	Bundesstaat an der Westküste Südindiens
Kopi	Kaffee
Kutti	im Malayalam Bezeichnung für kleine Kinder und Verniedlichungsform, die einfach an ein x-beliebiges Wort angehängt wird.
Lungi	etwa 2 m lange Stoffbahn zum Wickeln eines Rokkes, tragen Männer sowie die einfachen Frauen
Malayalam	Sprache von Kerala, der drawidischen Sprachfamilie zugehörig. Kann auch rückwärts gelesen werden
Monsun	Regenzeit
OM	heiligstes Mantra, in dem alle göttlichen Manifestationen enthalten sind, kosmischer Urlaut
Paisa	kleinste indische Währungseinheit, 100 Paisa = 1 Rupie
Parotha	auf heißen Platten gebackene Weizenfladen aus hauchdünnen Teigschichten, ähnlich der Strudelzubereitung
Pickles	meist sehr scharfe Beigaben für ein Reis-Curry-Gericht, aus Limonen, Mangos, Chilies, Ingwer oder Knoblauch
Rikscha	altes Transportmittel, in vielen Teilen Indiens noch

	von Männern zu Fuß oder mit Fahrrad gezogen, auch Kurzbezeichnung von Auto-Rikscha
Rupees	Mehrzahl der indischen Währung Rupie
Sambar	eine Art suppiges Gemüse-Curry
Samudra Beach	Samudra = malayalam: 'Ozean'. Ein etwas abseits gelegener Fischerstrand in der Nähe des Kovalam Beaches in Kerala, inzwischen gibt es schon ein paar größere Hotels
Sari	das klassische Kleidungsstück der Inderin aus 4-6 m langen Tuch aus Baumwolle oder Seide. Heute auch Synthetiks bevorzugt!
Shanti Bhavan	Malayalam: 'Haus des Friedens'. Unabhängige christliche Organisation in der Nähe von Alleppey, die geistig behinderte Obdachlose beherbergt und ausschließlich von Spenden lebt
Traveller de Luxe	Die inzwischen nicht mehr erhältliche Marke meiner einfachen Reiseschreibmaschine
Yoga	Sanskrit:'Joch'. Weg zur Gotterkenntnis durch Erfüllung einer Pflicht, diverse körperliche Übungen, Atmen, Arbeit, es gibt viele Yoga-Wege

Weitere Publikationen im Melina-Verlag:

Das Glück der Narren - ...eine indische Milieustudie

von Sylvie Bantle
312 S., 2 Landkarten, engl. Br.
DM 26,90
1997 - ISBN 3-929255-26-X

Äthiopien - christliches Afrika
Kunst, Kirchen und Kultur

Bildband mit Beschreibung des kulturellen Hintergrundes. Unerlässliche Grundlage
Von Ewald Hein und Brigitte Kleidt
Gebunden mit Schutzumschlag, ca. 236 S. mit 279 Farbabb., 29 x 24 cm,
DM 89,00
1999 - Deutsch, ISBN 3-929255-27-8
1999 - Englisch, ISBN 3-929255-28-6

Zypern - byzantinische Kirchen und Klöster

Bildband
Von Ewald Hein, Andrija Jakovljevic, Brigitte Kleidt
Gebunden mit Schutzumschlag, 198 S. mit 190 Farbb., 29 x 24 cm
DM 79,00
1996 - Deutsch, ISBN 3-929255-21-9
1997 - Englisch, ISBN 3-929255-15-4

Tibet - Der Weiße Tempel von Tholing

Bildband
Von Ewald Hein und Günther Boelmann
Gebunden mit Schutzumschlag, 188 S. mit 52 Farbb., 29 x 24 cm,
DM 79,00
1994 - Deutsch, ISBN 3-929255-06-5

Scheherezade im Winterland

Roman aus Bosnien
von Safeta Obhodjas
Übersetzt aus dem serbokroatischen von Dr. B. Kleidt
295 S., gebunden mit Schutzumschlag, DM 42,00
1998 - ISBN 3-929255-41-3

Lizzie´s Paradise

Erzählung aus Griechenland
Von Elizabeth Parker
188 S. mit 30 Farbb., geb., 14 x 20 cm, DM 32,00
1997 - Deutsch, ISBN 3-929255-25-1
1997 - Englisch, ISBN 3-929255-24-3

Hund ist auch Mensch

Ich, der Sklave meiner Gedanken
Von Eduardas Jonusas

Das Buch handelt von den Erlebnissen des bekannten litauischen Malers und Bildhauers Eduardas Jonusas während der Deportation ins sibirische Straflager. Er wurde nach Sibirien deportiert, weil er sich weigerte, während seines Militärdienstes in der damalige Sowjetischen Republik das kleine Kreuz an seiner Halskette abzulegen. Die Verletzungen seiner Seele haben sein Gehirn verwundet und er kann diesen erlebten Schaden nur reparieren, indem der seine Erlebnisse in Bildern und Texten aufarbeitet.

136 S. mit 21 Farbb., geb., 24 x 17 cm, DM 25,00
2000 - ISBN 3-929255-58-8